Karlheinz A. Geißler

Es muss in diesem Leben
mehr als Eile geben

HERDER spektrum

Band 5045

Das Buch

Mit zunehmender Beschleunigung werden auch die Erfahrungen immer flüchtiger, die Gegenwart wird immer schneller zur Vergangenheit, Zukunft ist schon fast Gegenwart. Und das in allen Lebensbereichen: Die Schule ist auf Zeitdisziplinierung und Zeitkontrolle aus, im Arbeitsalltag herrscht Zeitnotstand, und die freie Zeit der Muße ist zum Freizeitstreß geworden. Während die einen versuchen, Zeit zu sparen oder Zeit zu gewinnen, haben andere Zeit verloren oder gar totgeschlagen. Wo aber bleibt bei all der Hast das, was wir mit „Glück" bezeichnen, und wo „der Glückliche", dem keine Stunde schlägt? Karlheinz Geißler zeigt mit einer Fülle von Fakten sowie mit unterhaltsamen Bildern und Zitaten, wie die Zeit in den letzten Jahrhunderten objektiviert, meßbar und rationalisiert wurde. Seitdem steht Lebensbewältigung des einzelnen, der Gemeinschaften und der Gesellschaft unter dem Motto „Zeit ist Geld". Zeit wurde nun nicht mehr anhand von zyklischen Naturrhythmen aufgefaßt, sondern mechanisch und linear bestimmt. Doch die Wünsche, Bedürfnisse und Hoffnungen entwickeln sich nicht linear, vielmehr sind sie widersprüchlich und uneindeutig. Deshalb plädiert Karlheinz Geißler für einen Umgang mit der Zeit, der Gefühle und Verstand, Vernunft und Körper (und deren jeweils eigene Zeit) nicht auseinanderreißt. Was wir brauchen, ist eine Zeitkultur, die es uns erlaubt, in dieser schnelllebigen Welt unseren eigenen Rhythmus, unser persönliches Tempo zu finden und uns Zeit zu lassen – für uns selbst und die Menschen und Dinge, die uns wichtig sind. Ein spannendes Buch: vom Hasten und Rasten, Arbeiten und Lernen, Sterben und Leben. Das Fazit von Karlheinz A. Geißler: Wer zu schnell ist, den bestraft das Leben.

Der Autor

Karlheinz A. Geißler, geb. 1944, Dr. phil., „Europas bekanntester Zeitforscher" (PM) studierte Philosophie, Ökonomie und Pädagogik und lehrt seit 1975 als Universitätsprofessor Wirtschaftspädagogik in München. Zahlreiche Publikationen zum Thema Zeit, u. a. bei Herder Spektrum in mehreren Auflagen: Vom Tempo der Welt. Am Ende der Uhrzeit" und „Zeit – verweile doch … Lebensformen gegen die Hast" (Band 4875).

Karlheinz A. Geißler

Es muss in diesem Leben mehr als Eile geben

Herder

Freiburg · Basel · Wien

Gedruckt auf umweltfreundlichem,
chlorfrei gebleichtem Papier

Alle Rechte vorbehalten – Printed in Germany
© Verlag Herder Freiburg im Breisgau 2001
Herstellung: Freiburger Graphische Betriebe 2001
Titel der Erstveröffentlichung: Zeit leben. Vom Hasten und Rasten,
Arbeiten und Lernen, Leben und Sterben
(6. aktualisierte Auflage 1997)
Umschlaggestaltung und Konzeption:
R·M·E München / Roland Eschlbeck, Liana Tuchel
Umschlagbild: © Stone
Autorenfoto: Martin Hartmann
ISBN 3-451-05045-5

Mit diesem Buch habe ich etwas versucht, wovon ich als Kind bereits geträumt habe: die Zeit zu begreifen.

Als Sechsjähriger hatte ich den dringlichen Wunsch, die Wanduhr über dem Schreibtisch meines Vaters zu diesem Zweck in ihre Einzelteile zu zerlegen. Hätte ich mir diesen Wunsch gegen meine Ängste erfüllt – dieses Buch wäre möglicherweise nicht entstanden oder ganz anders geworden.

Fort-Schritt

Es war einmal ein kleiner Junge. Er wohnte in der Stadt und war nicht älter als drei Jahre und sehr verspielt. Sein Vater sagte an einem schönen Sonntag im Frühling zu ihm: »Komm mit, wir gehen in den Park.« Und sie gingen in den Park. Dort waren die Frühlingsblumen aus der von der Sonne erwärmten Erde gekommen; ringsherum blühte es, gelb, weiß und blau. Dem kleinen Jungen gefiel dies sehr. Er ging zu den Blumen, roch daran und entdeckte, da es in der vorhergehenden Nacht geregnet hatte, viele kleine Schnecken unter den Pflanzen. Die sammelte er und lief dabei kreuz und quer, hin und zurück, über die blühenden Anlagen. Der Vater stand dabei, schaute zu und freute sich über diesen schönen Tag. Nach einiger Zeit jedoch wurde er unruhig und ging einige Schritte weiter. Das Kind aber blieb bei seiner Entdeckung. Der Vater sprach es an: »Komm, wir gehen weiter!« Keine Antwort, keine Reaktion: »Komm halt, wir gehen etwas weiter«, rief er, schon ungeduldiger, zum zweitenmal. Da schaute der kleine Junge auf und fragte: »Wohin denn weiter?«

Erstes Kapitel
»Es sind nicht alle Zeiten gleich«

Gedanken über die Zeit

Ihr lebet in der Zeit und kennt doch keine Zeit;
So wißt ihr Menschen nicht, von und in was ihr seid.
Dies wißt ihr, daß ihr seid in einer Zeit geboren
Und daß ihr werdet auch in einer Zeit verloren.
Was aber war die Zeit, die euch in sich gebracht?
Und was wird diese sein, die euch zu nichts mehr macht?
Die Zeit ist was und nichts, der Mensch in gleichem Falle;
Doch was dasselbe was und nichts sei, zweifeln alle.
Die Zeit, die stirbt in sich und zeugt sich auch aus sich.
Dies kommt aus mir und dir, von dem bist du und ich.
Der Mensch ist in der Zeit, sie ist in ihm ingleichen;
Doch aber muß der Mensch, wenn sie noch bleibet, weichen.
Die Zeit ist, was ihr seid, und ihr seid, was die Zeit,
Nur daß ihr wen'ger noch, als was die Zeit ist, seid.
Ach daß doch jene Zeit, die ohne Zeit ist, käme
Und uns aus dieser Zeit in ihre Zeiten nähme,
Und aus uns selbsten uns, daß wir gleich könnten sein
Wie der jetzt jener Zeit, die keine Zeit geht ein!

(*Paul Fleming* 1609–1640)

Im Reich der Zeit

Während des Juliaufstandes 1830 schossen die französischen Revolutionäre auf die Turmuhren. Jene, die in Rußland später Revolution machten, erhoben in der nachrevolutionären Ära die Uhr zum Fetisch, gründeten eine »Zeitliga« und führten mit Hilfe einer sog. »Chronokarte« die totale Zeitkontrolle ein. Verfolgt von »der Zeit« müssen sich auch jene fühlen, die heute bei uns in den Städten aufmerksam durch die Straßen gehen. Uhren überall – und sehr genaue.

Für die allermeisten Bewohner unseres Landes beginnt der Tag frühmorgens mit den Geräuschen klingelnder, surrender, rasselnder Wecker.

Wenn nicht gerade im Rundfunk die Zeit angesagt wird (was immer häufiger geschieht), dann ist sie allzeit korrekt bei der Telecom zu erfragen. Wie wichtig uns das Thema »Zeit« ist, zeigen nicht nur die 215 Millionen (ausgeschrieben: 215 000 000) Anrufe bei der Zeitansage jährlich, sondern ebenso die überall sichtbaren Uhren in Bahnhöfen, in Schulen und anderen öffentlichen und zunehmend auch privaten Gebäuden. »Zeit sparen – Taxi fahren« ist ein tausendfach an der Rückseite von Transportmitteln zu lesender Slogan, der anscheinend so werbewirksam ist, daß dafür sogar ein schlechter Reim in Kauf genommen wird. Skurrilitäten, wie Plastiktüten mit dem Aufdruck »Stempel sparen Zeit«, die ich jüngst in München sah (das darf man nicht allzusehr weiterdenken, sonst kommt man auf die Empfehlung »Selbstmord spart Zeit«), bleiben bei einem anscheinend so wichtigen Phänomen nicht aus – ebenso die Gegenreaktionen und Protesthaltungen, z. B. das gezielte Nichteinhalten von Verabredungen oder die für unsere Politik generell sehr symbolträchtige Haltung, bei Verhandlungen die Uhren anzuhalten.

Das Gewicht der Zeit in unserer Gesellschaft ist nicht zu übersehen, ja manchmal nicht zu überhören.

Uhr fällt neben Eislauf-Fläche

Bremen (dpa)

Schrecksekunden durchlebten am Sonntag rund 200 Eisläufer in der neuen Eislaufhalle in Bremen: Gegen 11.30 Uhr stürzte eine sieben Kilogramm schwere Uhr mit einem Durchmesser von einem Meter aus einer Höhe von sechseinhalb Meter vom Dach der Halle in die Tiefe. Die Uhr schlug neben der Eislauf-Fläche auf. Unmittelbar zuvor hatten dort noch zwölf Eisläufer gestanden. Es wurde niemand verletzt.

Süddeutsche Zeitung

In der unterschiedlichsten Art und Weise wird »Zeit« in jenem Bereich zum Thema gemacht, den wir Kultur nennen. *Goethe* interessiert sich dafür im »Faust« und *Thomas Mann* speziell in dem »Exkurs über den Zeitsinn« im »Zauberberg«: *Richard Strauß* läßt im ersten Akt des Rosenkavaliers die Marschallin *Hofmannsthals* Zeitreflexionen singen:

Marschallin:

Die Zeit im Grunde, Quinquin,
Die Zeit, die ändert doch nichts an den Sachen.
Die Zeit, die ist ein sonderbar Ding.
Wenn man so hinlebt, ist sie rein gar Nichts.
Aber dann auf einmal, da spürt man nichts als sie.
Sie ist um uns herum, sie ist auch in uns drinnen.
In den Gesichtern rieselt sie,
im Spiegel da rieselt sie,
in meinen Schläfen fließt sie.
Und zwischen mir und dir –
da fließt sie wieder. Lautlos, wie eine Sanduhr.
(*warm*)
Oh, Quinquin! Manchmal hör ich sie fließen –
unaufhaltsam.

Marcel Proust sucht die »Verlorene Zeit« auf vielen Seiten sehr schöner Literatur und *Nabokov* läßt seinen Protagonisten in »Ada« mit sehr viel Gefühl über die Zeit philosophieren: »Ich möchte die Zeit liebkosen«. *Michael Ende* wiederum thematisiert den Umgang mit der Zeit in seinem »Momo«, diesem weit verbreiteten Jugendbuch für Erwachsene.

Ingeborg Bachmann nennt ihre Gedichtsammlung: »Die gestundete Zeit«, *Jutta Heinrich* ihren Roman: »Mit meinem Mörder Zeit bin ich allein«. Das *Action Theatre London* führte in München ein Theaterstück »Killing-time« auf, kurz nachdem der Film »Time bandits« abgesetzt wurde. *Mick Jagger* singt immer noch: »Time is on my side« und wird dies auch noch eine Zeitlang tun. Fast schon tiefsinnig meint *Boris Vian* in einem von ihm gesungenen Lied: »Die Zeit vergeht, und dazu braucht sie Zeit«.

Wer sein Kulturbedürfnis eher durch die Autofahrerwelle gestillt sieht, auch der wird nicht nur durch die in immer kürzeren Abständen erfolgenden rituellen Zeitansagen daran erinnert, »was die Stunde geschlagen hat«. Dort singt auch noch *Peter Rubin* Schmalz, den die Hast produziert: »Hätt' ich einmal nur Zeit für uns zwei«.*

An dem Thema muß etwas dran sein, wenn es so viele auf solch unterschiedliche Art und Weise zur Sprache bringen. Dies ist ein Grund für die Attraktivität des Inhaltes »Zeit«, die *mich* zum Nachdenken und zum Schreiben brachte. Aber es gibt noch einen zweiten Grund, einen, der auf einer eher gegenteiligen Erfahrung beruht. In der Pädagogik nämlich, dem Gebiet, in dem ich professionell tätig bin, ist die Zeit interessanterweise kein offen diskutiertes und theoretisch reflektiertes Thema. Hier liegt dann auch der Auslöser für mein spezielles Interesse, mir über die »Zeit« Gedanken zu machen: In meiner Tätigkeit als Lehrer an berufsbildenden Schulen, als Hochschullehrer, speziell aber als Dozent von Erwachsenenbildungsveranstaltungen, ist mir zunehmend deutlich geworden, daß Lehr- und Lernerfolg sowie Mißerfolg des Lehrens und Lernens, Zufriedenheit und Enttäuschung bei den Teilnehmern – und auch bei mir – davon abhängen, wie in der pädagogischen Situation mit Zeit umgegangen wird. Lehrerhandeln, Dozentenhandeln ist zu allererst Entscheiden über Zeit. So z. B. beginnen die Stunden in der Schule, an der Universität wie in der Erwachsenenbildung immer erst dann, wenn der Lehrer/Dozent anwesend ist und zu reden beginnt. Sie enden, wenn der Pädagoge Schluß macht,

---

* Der Verkehrsfunk ist ein Symbol »unserer Zeit«: Das Warten, der Stau wird hier zur wichtigen Nachricht, die Hast, das Rasen, zum unerwähnten Normalfall. Eine Meldung wert ist auf dieser Welle der Langsamfahrende, nicht derjenige, der mit überhöhter Geschwindigkeit über die Autobahn braust.

und Legionen von Lehrern mußten die Maxime in ihrer Ausbildung anhören, daß sich der Lehr-Lernprozeß in seiner Geschwindigkeit am langsamsten Schüler auszurichten habe. »Zeit-geben«, »Zeit-nehmen«, »Zeit-lassen«, das macht die Lehrertätigkeit aus. Das Verhalten der Lernenden ist weitgehend die Reaktion auf dieses je spezifische »Zeit-Handeln« in der pädagogischen Situation. »Keine Zeit« ist die im pädagogischen Bereich wohl häufigste Form der Abwehr, ist Ausdruck des Gefühls subjektiver Überlastung – obgleich die Möglichkeit, über die Zeit frei zu verfügen, nur in ganz wenigen Tätigkeitsfeldern so groß ist wie in der Bildungsarbeit.

Will man diesem grundlegenden Phänomen etwas nachgehen, indem man z. B. die einschlägigen Lexika, die Handbücher und die didaktisch zentrale Literatur zur Hand nimmt, dann stößt man auf eine pädagogische Terra incognita.

Es wird in diesem Buch daher auch darum gehen, einen ersten Eindruck von jenem Gelände zu ermöglichen, von dem aus beim Thema »Zeit« pädagogisches Terrain in den Blick gerät, und dort einige Orientierungsmarken zu setzen. Dies kann und soll auch nicht auf geradem Weg erfolgen, zumal die Chancen, Neues zu entdecken, notwendigerweise auf die Fähigkeiten zur »Abweichung« angewiesen sind.*

Diese geographische Analogie gilt für die Pädagogik und – mit Einschränkung – auch für die Sozialwissenschaften generell (in dem zehnbändigen Handwörterbuch der Sozialwissenschaften z. B. fehlt das Stichwort »Zeit«). *Norbert Elias* (1982) beklagt, daß die Soziologie sich mit diesem Thema sehr schwer tue. *K. Lüscher* gibt einem Aufsatz den programmatischen Titel »Time: A Much Neglected Dimension in Social Theory and Research« (1974). Durch *W. Bergmanns* (1981) beeindruckenden Überblick zur vorliegenden Literatur sozialwissenschaftlich relevanter Forschung zum »Zeitproblem« werden die Positionen von *Elias* und *Lüscher* jedoch etwas relativiert.

---

* Nicht verschwiegen werden soll, daß es bereits früher Hinweise darauf gab, daß das »Reich der Zeit« von der Pädagogik noch zu durchforschen wäre. Aber alle diese Ansätze zeichnet eine seltsame Mutlosigkeit aus. Um im Bild zu bleiben: Die ersten sichtbaren Fußspuren vermutlich wilder Tiere in dem unbekannten Gebiet wurden als Zeichen zur raschen Umkehr verstanden. Die große Ausnahme davon ist der Psychologe *Piaget* (vgl. bes. *Piaget* 1974).

III C
Az _____
Im Antwortschreiben bitte angeben

HIBS, Postfach 3105, 6200 Wiesbaden

6200 WIESBADEN, den
Bodenstedtstr. 7
Tel.: Sammel-Nr. (06121) 3420

Durchwahl: 342 ..117...........

Betr.: Literaturauskunft
    hier: Ihre Suchfrage vom 27. 7. 83
    zum Thema

    „ Zeitgestaltung im Unterricht "

Sehr geehrte(r)   Frau/Herr

Zu Ihrer Frage konnten wir leider kein Material nachweisen.
Wir bitten Sie, ggf. das Thema noch einmal etwas allgemeiner zu formulieren.

Mit freundlichen Grüßen
i.A.   Bolle

Für die Philosophie und die Theologie ist das Phänomen »Zeit« hingegen seit langem ein zentraler Forschungsgegenstand. In der Metaphysik, der Erkenntnistheorie und in der Naturphilosophie gehört »Zeit« zu den zentralen Inhalten, aber auch hier ist die Orientierung schwierig. Das Gelände ist oft begangen, zu oft, als daß die gesetzten Orientierungsmarken nicht auch Verwirrung stiften würden.

So ist »Zeit«, wie immer angegangen oder liegengelassen, ein schwieriges Thema. Die Zeit, ewiger Gesprächsstoff und doch unentdecktes Land. Ein Widerspruch?

Nicht minder widersprüchlich ist unser zeitbezogenes Arbeitsverhalten. Die einen haben zuviel, z. B. die Arbeitslosen; die anderen zu wenig, die Manager. Die einen engt Zeit ein, den anderen gibt sie Möglichkeiten, Freiheiten zu gewinnen und zu genießen. Lehrer klagen, daß sie zu wenig Zeit für einen sinnvollen Unterricht haben; andere, häufig aber auch die gleichen Lehrer, sind froh, wenn die Zeit in der Schule um ist. So mancher flieht vor der rigiden Zeitstruktur in die auch darin sonnigeren Länder; froh jedoch sind die Flüchtenden, wenn das Flugzeug dorthin pünktlich startet.

Tagtäglich benutzen wir sprachliche Formeln, die unser Verhältnis zur »Zeit« ausdrücken, ohne darüber viel nachzudenken: Wir »gewinnen Zeit«, wir »verlieren Zeit«, wir »sparen Zeit«, wir »nutzen die Zeit«, wir »schinden Zeit«, ja wir »schlagen sie sogar tot« *(Erich Kästner:* »Denkt an das fünfte Gebot – schlagt Eure Zeit nicht tot!«).

Ja und das gehobene Bildungsbürgertum, der Kalauer sei erlaubt, abonniert sogar »Die Zeit« – Personen mit grenzüberschreitender Perspektive abonnieren das amerikanische Magazin »Time« oder die inzwischen von der Zeit gekennzeichnete englische »Times«. Wir sprechen im Alltag davon, daß die Zeit »verrinnt«, daß sie »stillsteht«, daß sie »an uns nagt«, daß sie »erneuert«, »sterben läßt«, »gebiert«, »heilt« und »verfliegt«.

Augustinus, die klassische Autorität für das Thema »Zeit« im Mittelalter, seufzte beim Philosophieren: »Quid est tempus? Si nemo ex me quaerat, scio, si quaerenti explicare velim, nescio.« In der Übersetzung: »Was also ist die Zeit? Wenn mich niemand danach fragt, weiß ich es, wenn ich es aber einem, der mich fragt, erklären sollte, weiß ich es nicht« *(Augustinus,* Conf. XI, 14). Was aber ist die »Zeit«? In jedem Falle eine Schwierigkeit für denjenigen, der sie definieren soll. Gefälliges und griffig Formuliertes wie von *Eigen* (1983): »Zeit ist das, was uns fehlt, wenn sich zuviel ereignet«, oder von *Aschoff* (1983): »Zeit ist das, was wir haben, wenn wir unsere Uhren wegwerfen«, hilft wenig weiter. Sicher ist, man braucht Zeit, um deutlich zu machen, was »Zeit« ist.

Eindeutige und schnelle Antworten gibt es nicht; es gibt zwar Fragen und Antworten, aber keine Lösungen – was sollte auch an der Zeit gelöst werden? Insofern ist das Nachdenken über die Zeit (und vielleicht auch das darüber Schreiben) zeitlos, obgleich sich Konjunkturen für dieses Thema nicht verleugnen lassen. Sicherlich sind diese, wie heute auch, Ausdruck einer Verunsicherung. Unklare Zeiten, die auch nicht viel transparenter werden, wenn man sich dem Thema »Zeit« widmet. Aber trotzdem:

Ich erfreue mich sinnlich an Zeit, ihrem Stoff und ihrer Ausdehnung, ihrem Faltenwurf, an der Unfühlbarkeit ihrer graufarbenen Gaze, an der Kühle ihres Kontinuums. Ich möchte daraus etwas machen; mich einem Schein von Besitz hingeben. Ich bin mir bewußt, daß alle, die versucht haben, das verzauberte Schloß zu erreichen, sich in Dunkelheit verirrt haben oder in »Raum« steckengeblieben sind. Ich bin mir auch bewußt, daß »Zeit« ein flüssiges Medium ist, in dem man Metaphern kultiviert. (*Nabokov* 1974, S. 509)

Die Zeit geht nicht

Die Zeit geht nicht, sie stehet still,
Wir ziehen durch sie hin;
Sie ist ein Karawanserei,
Wir sind die Pilger drin.

Ein Etwas, form- und farbenlos,
Das nur Gestalt gewinnt,
Wo ihr drin auf und nieder taucht,
Bis wieder ihr zerrinnt.

Es blitzt ein Tropfen Morgentau
Im Strahl des Sonnenlichts;
Ein Tag kann eine Perle sein
Und ein Jahrhundert nichts.

Es ist ein weisses Pergament
Die Zeit und Jeder schreibt
Mit seinem roten Blut darauf,
Bis ihn der Strom vertreibt.

An dich, du wunderbare Welt,
Du Schönheit ohne End,
Auch ich schreib meinen Liebesbrief
Auf dieses Pergament.

Froh bin ich, daß ich aufgeblüht
In deinem runden Kranz;
zum Dank trüb ich die Quelle nicht
Und lobe deinen Glanz.

Gottfried Keller

Verschiedene Zeiten – von Zeit zu Zeit

Die Sprache bewahrt in besonderem Maße gesellschaftliche Erfahrungen, häufig über viele Jahrhunderte hinweg. Sie drückt, in doppeltem Sinne, »Zeitliches« aus, und auch das Denken über Zeit verläuft weitgehend in jenen Bahnen, die uns die Struktur unserer Muttersprache bereitstellt (ohne, daß diese als statisch anzusehen wäre).

Auffällig ist, daß Zeit in unseren Redewendungen entweder als Objekt oder als Subjekt auftaucht. In den Formulierungen: »Zeit gewinnen«, »Zeit nutzen«, »Zeit vergeuden«, »Zeit sparen«, ist die Zeit Objekt, auf das sich menschliches Handeln richtet. Solche und viele andere alltagssprachliche Formulierungen, die unsere Beziehung zur Zeit ausdrücken, suggerieren die Zeit als von den Subjekten losgelöste, quasi objektive Dauerhaftigkeit. Zeit wird dargestellt als etwas Handhabbares, über das man verfügen, mit dem man schalten und walten kann.

Diese instrumentelle Perspektive ist aber nur eine Seite unserer alltäglichen Lebenspraxis im selbstverständlichen Umgang mit der Zeit. Ebenso verbreitet ist der den Menschen eher zum passiven Objekt machende substantivierende Umgang mit der »Zeit« in den Benennungen: »Die Zeit verrinnt«, »die Zeit steht still«, »die Zeit verfliegt«, »sie verstreicht«, »sie nagt«, »sie läuft ab«, »sie nimmt«, »sie heilt«, »sie gebiert«, »sie läßt sterben«, »sie erneuert« usw. In solchen alltagssprachlichen Formeln wird »Zeit« als einflußreiche Kraft gesehen, die menschliches Handeln maßgeblich bestimmt. Das Ausgeliefertsein an eine objektive Macht wird so im sprachlichen Ausdruck thematisch.

Diese Anschaulichkeit unserer Alltagssprache zeigt sich, wie dargestellt, in zwei unterschiedlichen Richtungen von Zeiterfahrung. Zum einen, indem sie als etwas Gegenständliches, Handhabbares (analog anderen Gegenständen unserer Realität) aufgefaßt wird, das ist die aktiv-instrumentelle Perspektive (z. B. in Formulierungen wie: »Ich gewinne Zeit«, »ich verliere Zeit«, »ich manage die Zeit«, »ich spare Zeit«, »ich stehle Zeit« usw.). Dem steht die eher passivische Perspektive gegenüber, bei der das Subjekt als von der Zeit Betroffenes zur Sprache gebracht wird (z. B.: »die Zeit rinnt«, »sie verstreicht«, »sie dehnt sich aus«, »sie läuft ab«, »sie nagt«).

Beiden Sprachverwendungen entsprechen auch zwei unterschiedliche »zeit-bezogene« Lebensformen; und den jeweils verschiedenen individuellen und kollektiven Lebensstilen korrespondieren verschiedene Zivilisations- bzw. Kulturformen. Bevor nun diese spezifischen Muster der Zeitordnung und der Zeitorientierung näher dargestellt werden, muß vor der falschen Selbstverständlichkeit gewarnt werden, »Zeit«-Erfahrungen, die wir in unserer Kultur machen können, seien die einzigen oder die einzig richtigen oder die einzig möglichen.

Der Blick über die Zeit-Grenze

Der Begriff »Zeit« kommt in manchen Sprachen überhaupt nicht vor (z. B. bei dem Indianerstamm der Hopi). Menschen anderer Kulturen verhalten sich auch anders in der Zeit und zur Zeit, als wir dies gewohnt sind.

Es scheint also einen grundlegenden Unterschied zu geben, wie Indianer und Weiße die Zeit erfahren. Nicht-Indianer verlassen sich auf Verabredungen, welche natürlich immer in der Zukunft liegen. Und dies macht sie unsicher. Indianer verlassen sich auf die Realität, die sich nur in der Gegenwart abspielt. Und dies bewirkt Geselligkeit und Zufriedenheit. Ich habe beobachtet, daß die meisten Nicht-Indianer sich von Zeit abhängig fühlen. Indianer tendieren dazu, das Gegenteil zu empfinden. *Zeit ist zu ihrer Verfügung da. Die Zeit ist von ihnen abhängig.*
Der Unterschied mag darin liegen, daß die Nicht-Indianer Zeit erfunden haben. Sie nahmen die Rotation der Erde und schnitten sie in 24 Kuchenstücke, dann schnitten sie jedes dieser Stücke in 60 Scheiben und dieses wiederum in 60 Scheibchen. All das nannten sie Tage, Stunden, Minuten und Sekunden.
Dann nahmen sie die regelmäßigen Veränderungen des Mondes und versuchten 12 davon in die Umkreisung der Erde um die Sonne einzupassen. Diese Teile nannten sie Monate und den Kreis nannte man ein Jahr. Unglücklicherweise klappte es nicht ganz. Deswegen gibt es alle vier Jahre ein Schaltjahr, und einen Tag mehr im Februar. Ich weiß nicht, warum sie den Tag an den Februar hängten. Ich würde ihn viel lieber im Juli haben.

(Pelletier: in Konkursbuch 11/1983, S. 68)

Manche Kulturen kennen nicht die Dreiteilung »Vergangenheit – Gegenwart – Zukunft«, sondern unterscheiden nur zwischen

»Jetzt« und »Nicht-Jetzt«. Wieder andere Völker besitzen mit ihrer
Sprache ein Ordnungssystem, mit dem sehr viel differenzierter über
»Zeit« gesprochen werden kann, als dies in unserer Sprache möglich
ist (z.B. islamische Völker). Das Chinesische kennt überhaupt
keine Zeitform. Ist es da verwunderlich, wenn in China zur
erfolgreichen ökonomischen Prozedur das »Aussitzen« des Han-
delspartners gehört? Für einen Westeuropäer, der es gewohnt ist,
eilige Geschäfte zu tätigen, und u.a. an der Schnelligkeit des
Abschlusses seinen Erfolg festmacht, ist dies eine schwer zu ertra-
gende Strategie. Andere Gesellschaften – und daher nennen wir
deren Mitglieder gerne »Fremde« – haben ein von uns verschiedenes
grammatikalisches Instrumentarium, das darauf hinweist, daß sie
sich auch in einer anderen Art der Wirklichkeit dieser Welt, der
Realität ihres Lebens nähern und darauf Bezug nehmen. Z.B.
Afrikaner (hier die Agni, ein westafrikanischer Stamm); *Parin* u.a.
berichten davon:

Besonders auffallend ist der Umgang mit Zeit und Raum. Europäer
haben zuerst den Eindruck, die Agni hätten kein Zeitgefühl. So wie
das Kleinkind keine festen Still-, Essens- oder Entleerungszeiten
kennt, der Tagesablauf des Erwachsenen durch den Gang zur
Arbeit nur an vier Tagen von sieben festgelegt ist und das tropische
Jahr keine klare Trennung der Jahreszeiten bietet, verwenden die
Agni weder Kalender noch Uhren, kennen das eigene Alter und das
ihrer Kinder nicht und verwenden von sprachlichen Zeitbestim-
mungen nur die Wochentage und je einen Ausdruck für die
Vergangenheit und einen für die Zukunft, die zeitlich »offen« sind,
ins längst Vergangene und unbestimmbar Kommende weisen.

(1978, S. 536)

G. *Gurvitch* nennt solches »soziale Zeiten«, die bei jedem interkul-
turellen Vergleich mitzudenken und mitzuberücksichtigen sind. In
seiner Formulierung: »Frankreich, Norwegen oder Brasilien haben
ebenso unterschiedliche Zeiten wie die Französische und die Russi-
sche Revolution« (zit. nach *Kasakos* 1971, S. 49).

Sichtbar, und für manchen Bürger aus den hochentwickelten
industrialisierten Ländern auch leidvoll spürbar wird dies z.B.
durch den detailliert von amerikanischen Forschern nachgewiese-
nen Sachverhalt, daß in Brasilien die öffentlichen Uhren nicht
ebenso akkurat gehen wie in den USA. Sehr viel über diese
Andeutungen hinausgehend Interessantes und Wichtiges läßt sich

für dieses Thema aus ethnographischen und kulturanthropologischen Studien erschließen. Des öfteren werde ich daher auf solche Untersuchungen zur sozialen Konstruktion von Wirklichkeit durch Zeit zurückkommen.

Der Blick über die Zeit-Klassen

In ähnlicher, aber nicht identischer Art und Weise haben soziale Schichten/Klassen der jeweils gleichen Gesellschaft unterschiedliche, subkulturell voneinander abweichende, zeitliche »Fahrpläne«. Verschiedene Schichten ein und derselben Gesellschaft unterscheiden sich in der Verarbeitung von Erfahrungs- und Erlebnisinhalten. So ist z. B. mehrfach durch Untersuchungen belegt, daß langfristige Zeitplanung, also Zukunftsorientierung, im Leben und Erleben von Mitgliedern »unterer« sozialer Schichten innerhalb unserer mitteleuropäischen Gesellschaften eine fürs Handeln weit weniger wichtige Rolle spielt als insbesondere bei den Angehörigen der oberen Mittelschicht. *Frank* (1939, zit. bei *Kasakos* 1971, S. 72) meint dazu: »Ganze soziale Klassen können durch die Zeitperspektiven beschrieben werden, die ihr Leben beherrschen und erkennbar werden in der Reichweite ihrer Planungen, in ihrer Vorsorge, in ihrer Abstinenz usw.« *Kasakos* (1971) hat die Untersuchungen zur unterschiedlichen Prägung von Zeitperspektiven durch das soziokulturelle System, speziell durch die verschiedenen beruflichen Tätigkeiten, gründlich aufgearbeitet.

Der Blick in die vergangenen Zeiten

Die kulturell und sozialstrukturell spezifischen Be- und Verarbeitungsformen von Zeiterfahrung sind immer auch historischen Veränderungen unterworfen.

Man muß sich einmal den Wandel in der Zeitkonzeption anschaulich vor Augen halten, wie ihn auch die abendländische Kultur durchgemacht hat: Herodot, der Vater der Geschichte, kannte überhaupt noch nicht den Begriff der Stunde. Cäsar ließ seine Legionen nach Nachtwachen marschieren. Die Germanen rechneten nur nach Tagen, nach und nach kamen sie zum Thing. Im frühen Mittelalter begannen Turmuhren die Stunden zu zählen, niemand rechnete nach Minuten. Um 1770 stellt der schwäbische Pfarrer und Feinmechaniker Ph. M. Hahn erstmals in Deutschland Uhren mit Sekundenzeigern her. Und in der Gegenwart rechnet man mit Millionstel und Milliardstel Sekunden, Geschwindigkeiten, die weit über unserer Vorstellungskraft liegen. (*Wagenführ* 1968, S. 123)

Darüber jedoch mehr und Ausführlicheres in den folgenden Kapiteln, in denen ich folgende These weiter präzisiere: Unser alltagssprachliches Reden über Zeit entspricht zwei Lebensformen – Lebensformen, die historisch gesehen sehr unterschiedlich und einflußreich waren und in sehr verschiedener Art und Weise individuelles sowie gemeinschaftliches Leben bestimmten und bestimmen.

Der Blick auf unser Zeit-Handeln

Nach diesem flüchtigen Blick auf ganz unterschiedliche Bezüge zur »Zeit« können einige generelle Aussagen gemacht werden: »Zeit« ist nicht, wie in den oben beispielhaft dargelegten Alltags-Formulierungen ausgedrückt, eine von uns losgelöste Existenz, ein Gegenstand, etwa ein Hammer, den wir instrumentell benutzen. »Zeit« ist andererseits auch nicht etwas, was einem Unwetter vergleichbar wäre, dem wir schutzlos ausgeliefert sind. Wir »verlieren« oder »gewinnen« nicht die Zeit. Die Zeit »verfliegt« aber auch nicht, und sie steht nicht still. Vielmehr erleben wir *Erscheinungen der Zeit*, Geschehnisse und Ereignisse, die länger bzw. kürzer dauern; je nachdem, wie wir erleben, sehen wir Zeit als Objekt oder Subjekt und gebrauchen die entsprechenden Metaphern. Wenn wir von Zeit sprechen, meinen wir in den meisten Fällen ein zeitliches *Geschehen.* Zeit ist nichts Gegenständliches, nichts zum Anfassen. Zeit drückt ein Verhältnis aus, mit dem sich Subjekte auf individuelle, natürliche und soziale Realitäten beziehen. In den meisten Fällen ist dieses Verhältnis vom Handeln menschlicher Subjekte bestimmt. Im Zeitbewußtsein von Individuen und Kollektiven wird das Qualitative, d. h. das Spezifische, dieses Verhältnisses deutlich. Das Zeitbewußtsein geht wiederum in die Sprache ein (und wird durch sie gebildet), besonders in die Sprache unserer alltäglichen Lebenspraxis.

Die Sprache und andere Symbolsysteme – aber vor allem die

Sprache – setzen den *Bezug zur Zeit* als das fundamentale Ordnungsprinzip *unserer* gesellschaftlichen Wirklichkeit durch.

Zeit ist ein individuelles und soziales Ordnungsprinzip, durch das fortlaufende Ereignisse und Handlungen miteinander in Beziehung zu bringen sind, so z. B. Bildungsprozesse verschiedener Subjekte oder die Bewegung von Objekten, wie etwa die von Zügen, von Fahrrädern usw. »Aufstehen, es ist Zeit, zur Arbeit zu fahren«, diese Aussage bringt Ordnung in unser Leben. Zeit ist also, akademisch gesprochen, eine praktische Kategorie und ein Mittel, mit dem wir die individuellen, die natürlichen und die sozialen Möglichkeiten systematisieren und konstituieren. Wir bestimmen – weniger akademisch ausgedrückt – mit der Zeit und durch die Zeit unser Verhältnis zu den verschiedenen Prozessen in uns selbst, zu den Abläufen der Natur, zur Vergangenheit, zur Gegenwart und zur Zukunft von Gesellschaften und sozialen Gemeinschaften.

Wichtig für eine Betrachtung über Zeit wird so, worauf übrigens *Einsteins* Relativitätstheorie fußt, die *Beziehung,* die zwischen dem jeweiligen Bezugsrahmen der Realität und der Wahrnehmung von Realität besteht. Solche Beziehungen entwickeln sich historisch, sie werden definiert, festgelegt, verändert – von einflußreichen Personen, Gruppen und Gesellschaften. »Raum und Zeit«, so *Leibniz* (1708), »sind nicht Sachen, sondern Anordnungen von Sachen«. Und diese Anordnungen werden von Menschen gedeutet und/oder gemacht.

Und noch etwas: Zeit ist nicht ein Konstrukt oder ein Prinzip zur Konstruktion von individueller und sozialer Wirklichkeit, das gleichgewichtig mit anderen Organisationsprinzipien ist. Zeit ist grundlegender, universeller als jedes andere Prinzip. Wo und auf welch spezielle Art und Weise immer etwas erlebt, erfahren wird, immer wird es in der Zeit erlebt und erfahren. Zeit ist immer Grundbedingung jeder Erfahrung (vgl. dazu *Kant:* Zeit als apriorische Form der Anschauung, eine notwendige Vorstellung, die allen Anschauungen zugrunde liegt). Sie ist allgemeingültig und spezifisch gleichermaßen. Zum Schlagwort verdichtet: Das Zeitverständnis ist der Zeitgeist, und der Zeitgeist drückt sich im Zeitverständnis aus.

Es gibt nichts außerhalb der Zeit, daher wird die Zeit auch als einzige den nächsten Krieg überleben. Was es aber im Rahmen des Zeitlichen gibt, das ist subjektiv, historisch, sozial und interkulturell unterschiedlich.

Nach *Goethe* (Faust I):
»Was Ihr den Geist der Zeiten heißt
Das ist der Herren eigner Geist
In dem die Zeiten sich bespiegeln.«

Was mit Zeit gemeint ist, das, was unter Zeit verstanden wird, ist nach all dem Gesagten eng mit dem Problem individueller, sozialer und gesellschaftlicher Lebensbewältigung verbunden, und diese drückt sich u. a. in der Sprache deutlich aus. Es ist also an dieser Stelle wieder an die These von der engen Verbindung zwischen Sprache und Form des Alltagslebens zu erinnern.

Im nächsten Kapitel wird auf jenen Typus des Zeitverständnisses und die daran orientierte Lebensform (den Lebensrhythmus) eingegangen, der die Zeit in objektivistischer Art und Weise benennt.

Dies findet seinen sprachlichen Ausdruck, wie oben bereits dargestellt, in Formulierungen, die verdeutlichen, daß die Menschen etwas mit der Zeit machen.

Zweites Kapitel

Vom Hasten und Rasten

Ich las einmal die Geschichte einer Gruppe von Menschen, die in einem unbekannten, sehr hohen Turm immer höher stiegen. Die ersten Generationen drangen bis zum fünften Stock vor, die zweiten bis zum siebenten, die dritten bis zum zehnten. Im Laufe der Zeit gelangten die Nachkommen bis in das hundertste Stockwerk. Dann brach das Treppenhaus ein. Die Menschen richteten sich im hundertsten Stockwerk ein. Sie vergaßen im Laufe der Zeit, daß ihre Ahnen je auf unteren Stockwerken gelebt hatten und wie sie auf das hundertste Stockwerk heraufgelangt waren. Sie sahen die Welt und sich selbst aus der Perspektive des hundertsten Stockwerks, ohne zu wissen, wie Menschen dahin gelangt waren. Ja sie hielten sogar die Vorstellungen, die sie sich aus der Perspektive ihres Stockwerks machten, für allgemein menschliche Vorstellungen.

(*Elias* 1982, S. 1016)

»Ich bin nun alt und bin bereit, zu weichen der modernen Zeit.«*

Das lineare Zeitverständnis: Zeit als unendlich ansteigende Linie

Will man Genauigkeit anstreben, so ist es manchmal notwendig, sich in Metaphern auszudrücken. Die unendliche Linie bzw. der nicht auf ein endliches und konkretes Ziel gerichtete, stetig aufsteigende Pfeil ist das Bild für den Typus des Zeitverständnisses, bei dem »Zeit« als etwas vom Menschen Beeinflußbares und Manipulierbares verstanden wird.

Das *lineare Zeitverständnis* geht davon aus, daß das Subjekt etwas mit der Zeit macht. Nicht das passive Erleben, sondern das aktive Tun ist die zentrale Perspektive. Dieses Tun basiert auf einer grundlegenden Form des Handelns, der des *Messens* von Zeit. Daher wird das lineare Zeitmodell auch in bezug zu jenen, die das Messen zur Basis ihres wissenschaftlichen Strebens gemacht haben, das *physikalische* genannt. *R. Feynman* bringt dieses Verständnis auf die Kurzformel: »Worauf es dem Physiker schließlich ankommt, ist nicht, wie man Zeit definiert, sondern wie man sie mißt« (zit. nach *M. Eigen* 1983).

Zeit wird nicht an konkreten Erlebnisinhalten bzw. an anschaulichen Erfahrungen festgemacht, sondern weitgehend als von Ereignissen losgelöst verstanden. Auf den Erziehungsbereich bezogen: Die Schule beginnt situationsunabhängig um 8.00 Uhr und nicht z. B. wenn es hell wird oder wenn alle Schüler da sind, wie dies noch in ähnlicher Form vom Kirchgang in Südtirol aus dem letzten Jahrhundert berichtet wird, wo das sonntägliche Glockenläuten zum Gottesdienst erst dann einsetzte, wenn der am weitesten entfernt wohnende Bauer auf dem Hügel vor der Kirche gesehen werden konnte (vgl. *Gockerell* 1980). Zeit wird von der jeweils konkreten Situation unabhängig gemacht, und das heißt auch: unabhängig vom Subjekt und dessen jeweils spezieller Situation. Die Uhr, nicht die Natur bestimmt die Zeit.

* Aufschrift an einer ausgemusterten Dampflokomotive

Die Uhr ist die eigentliche Verkörperung von Linearität und Aufeinanderfolge. Im Innern einer Uhr werden die Umdrehungen eines Rades oder die Schwingungen einer Stimmgabel mechanisch auf die Bewegungen eines Zeigers übertragen. Diese Bewegungen summieren sich und ergeben Sekunden, dann Minuten, dann Stunden. Für gewöhnliche Zwecke kann der innere Mechanismus der Uhr nicht konstant genug sein, denn in der linearen Zeit muß eine Stunde als etwas definiert werden, das jeder anderen Stunde gleicht, denn sonst ließe sich eine konsequente Aneinanderreihung von Ereignissen nicht aufrechterhalten. Der Uhr zufolge folgt ein Ereignis dem anderen, eine Stunde folgt der anderen, in strenger unveränderlicher Aufeinanderfolge. Acht Uhr folgt immer auf sieben Uhr und geht neun Uhr voraus. (…) Die konsequente lineare Aufeinanderfolge der Zeit ist so ein fester Teil des gewöhnlichen Bewußtseins. (*Ornstein* 1974, S. 107)

Als soziales Ordnungsprinzip zielt das lineare Zeitverständnis auf steten Wandel im individuellen und gesellschaftlichen Bereich. Genauer: So wie es der stetig steigende Pfeil symbolisch ausdrückt, richtet sich menschliches Handeln auf stetiges Wachstum, auf eine offene Zukunft hin aus. Die Zukunft erhält durch diese Gerichtetheit gegenüber der Gegenwart und der Vergangenheit einen höheren Wert, sie wird eine Größe, die von Individuen und von der Gesellschaft beeinflußbar ist (Zeit wird genutzt). Die alltäglichen Aufforderungen von Vätern und Politikern, nach vorne zu blicken, auf die Zukunft (auf die Jugend) zu bauen, und die beschwörend klingenden Aussagen, daß am Wachstum kein Weg vorbeiführe, drücken dieses Zeitverständnis besonders prägnant aus.

Die unendliche Ausdehnung in die Zukunft hinein macht Zeit unendlich teilbar und zerstückelbar. Besonders dieses Aufteilen der Zeit in Stücke, in Abschnitte, prägt die Vorstellung (die sich ja vielfach zur speziellen Lebensauffassung entwickelt), daß man mit der Zeit etwas tun, mit ihr nach funktionalen Erfordernissen umgehen könne. Wir Menschen, so die unproblematische Alltagsvorstellung, können die Entwicklung und die Geschwindigkeit dieser Entwicklung – die wir Fortschritt nennen – bestimmen. Zeit wird für uns quantifizierbar, planbar, dynamisierbar. Den sichtbaren Ausdruck findet dies in einer Lebensform, in der jedermann in seinem eigenen Automobil ohne Begrenzung die Geschwindigkeit selbst bestimmen kann.

In dem häufigen und verbreiteten Gebrauch von Uhren, von

Kalendern, von Fristen und Zeitnormen wird dieses Zeitverständnis schließlich zum dominierenden sozialen Ordnungsprinzip unserer Alltagsrealität. Der immer wiederkehrende Blick zur Uhr macht etwas davon deutlich, wie wir mit Zukunft rechnen und die Gegenwart dafür opfern.

Es ist jedoch ein illusionärer Wunsch, ein verdeckter Mythos, daß der Mensch die Zeit bestimmen könne, wie dies alltagssprachlich in jenen Formulierungen ausgedrückt wird, die die Zeit als Objekt unseres Handelns erscheinen lassen. Im Zusammenhang mit den kulturell unterschiedlichen Zeitverständnissen in verschiedenen Gesellschaften habe ich deutlich gemacht, daß Zeit kein Gegenstand ist, mit dem instrumentell nach Belieben umgegangen werden kann, sondern vielmehr das *Verhältnis* ausdrückt, mit dem sich Menschen auf die subjektive, die gesellschaftliche und natürliche Wirklichkeit beziehen. Umgang mit der Zeit heißt also Umgang mit *sich* in der Zeit. Konkret im linearen Zeitverständnis: Vergegenständlichung (z.B. Manipulation) von Zeit bedeutet *Vergegenständlichung von sich selbst in der Zeit*. Nicht die Zeit nutze ich, ich nutze mich in der Zeit.

Eine Karikatur dessen ist der Schwimmwettkämpfer, der sich heutzutage die Augenbrauen und die Haare an Kopf und Beinen rasiert, um Zeit zu sparen. Dies ist wohl der vorläufige Höhepunkt – aber bestimmt nicht die letzte wundersame Konsequenz aus dem am linearen Zeitmodell orientierten Leistungssport, der in England im 17. Jahrhundert entstand und damals sehr treffend »matches against time« genannt wurde. Zeit ist hier Sachzwang ohne Rücksicht auf die Person. Augenfällig wird dies u. a. bei den Fernsehübertragungen von Ski-Rennen. Der Läufer kommt zu einem großen Teil seines Rennens überhaupt nicht mehr ins Bild. Dem gebannt auf die Scheibe schauenden Fernsehzuschauer wird neben einem Standbild auf einen schneebedeckten Berg zeitweise ausschließlich eine in Hundertstelsekunden herunterflimmernde Zeitanzeige zugemutet. Die Uhr, nicht der Läufer interessiert. Der Läufer ist zur Uhr geworden. »Der Champion«, so prophezeit *Virilio* (1980, S. 116), »wird eines Tages in den Grenzen seines eigenen Rekords verschwinden«. Einen Kabarettisten hat dies zu der pointierten Feststellung verleitet, daß die Zeiten bei den Wettkämpfen die einzigen sind, die immer besser wurden.

Wird auch die Zeit in der Uhr, dem Symbol der Zeitrationalität,

scheinbar vergegenständlicht, so vergegenständlicht doch letztlich diese die Menschen, analog dem Zauberlehrling, der den von ihm gerufenen Geistern nicht mehr Einhalt gebieten kann. Die Illusion liegt darin, daß man meint, mit der Zeit etwas tun zu können, Souverän der Zeit zu sein, während man doch mit sich in der Zeit etwas tut. »Mein Mann war die Uhr selber«, berichtet stolz die Frau eines arbeitslos gewordenen Mannes und bedauert gleichzeitig, daß dieses Ideal durch die Arbeitslosigkeit zunichte gemacht wurde (*Jahoda/Lazarsfeld/Zeisel* 1933).

Selbst zur Uhr zu werden, das ist das den Tod verdrängende Ideal – unendlich immer weitergehen. »Am liebsten würde ein jeder die ganze Zeit auf seine Uhr schauen und sich der Zeit erfreuen, die er vor sich hat«, so *Herbert Achternbuschs* (1982) treffend kurze Beschreibung des linearen Zeitverständnisses unserer industrialisierten Zivilisation. Mit sensibler Ironie formuliert *Thomas Mann* den Unterschied von Zeitbeherrschung und wirklichem Leben im Zauberberg: »Hans Castorp hatte den Tagesablauf bereits am Schnürchen, wenn es auch zuviel gesagt wäre, daß er schon ›eingelebt‹, wie man es nennt, gewesen sei«.

Nun aber hat dieses lineare Zeitmodell als symbolisches Ordnungsmittel für individuelle, natürliche und soziale Realität auch immense Möglichkeiten freigesetzt, da ja durch die Linearität von Zeit *Zukunft* als offen und gestaltbar gedacht und verstanden wird. Ein solches Zeitverständnis fördert die Rationalität von Handlungen, das Erfassen, die Planung, die Kontrolle des individuellen, natürlichen und sozialen Lebens. Der Bezug des Subjekts zu seiner natürlichen und zu seiner sozialen Umwelt wird auf Zukunft hin entwickelbar und überprüfbar, und zwar primär durch die Rationalität von Zeitmustern, wie sie die Uhr mit ihrer inzwischen längst mehr als minut-iösen Einteilung darstellt. Daran kann Erfolg, Fortschritt festgemacht werden. Mit der unzweifelhaften tagtäglichen Erfahrung, daß Gegenwart und Zukunft gestaltet und kontrolliert werden können, und zwar in immer präziseren Einheiten, in immer detaillierteren Formen, wird der falsche Schein auch gleichzeitig immer mitproduziert, der sich im alltäglichen Sprachgebrauch ja so ausdrückt, daß das Subjekt die Zeit beherrschen könne. *Goethe* läßt daher, dies sollte man bei aller Zitierfreudigkeit beachten, den *Mephisto* in der Schülerszene im »*Faust*« die Aufforderung sprechen:
»Gebraucht die Zeit, sie geht so schnell von hinnen!
Doch Ordnung lehrt Euch Zeit gewinnen.«

Dieses lineare Zeitverständnis und die damit verbundene Vorstellung von der fast grenzenlosen Planbarkeit, Machbarkeit und Kontrollierbarkeit aller technischen und sozialen Prozesse, ist die dominierende Lebensauffassung und das bestimmende soziale Ordnungsprinzip der Industriegesellschaften in Ost und West. Hier, speziell in der westeuropäischen Kultur, muß man dann auch den historischen Entstehungsbedingungen dieses Zeitverständnisses als einer besonderen Form des Zeitverständnisses nachgehen.

Irrtum des „großen Bruders"

TOKIO, 18. August (dpa). Im Tokioter Stadtteil Itabashi-ku überwacht der aus George Orwells „1984" bekannte „große Bruder" kleine Kinder. Pünktlich um 18 Uhr erschallt es jeden Tag aus den 60 Lautsprechern, die bei Katastrophen Anweisungen übertragen: „Jetzt ist es Zeit für alle lieben Mädchen und Jungen, nach Hause zu gehen. Nehmt euch in acht vor den Autos." Kürzlich hatte der „große Bruder" seine Pflichten vergessen, beeilte sich aber, sie nachzuholen. Um Mitternacht riß plötzlich eine durchdringende Stimme alle lieben Kinder von Itabashi-ku aus dem Schlaf: „Jetzt ist es Zeit . . ."

(Frankfurter Rundschau)

Von der Zeit der Bauern zur Zeit der Händler

Über die Entwicklung von Zeitvorstellungen gibt es eine Reihe detaillierter Untersuchungen. Dies führt *E. P. Thompson* (1973, S. 81) zu der leicht übertriebenen Feststellung, daß es bereits eine Binsenwahrheit sei, daß sich zwischen 1300 und 1650 das Zeitverständnis innerhalb des europäischen Kulturkreises entscheidend gewandelt habe. Trotzdem (und weil es immer weniger Binsen gibt) einige Anmerkungen dazu.

Im Frühmittelalter wurde das Zeitverständnis der Individuen, der Gemeinschaften und der gesamten Gesellschaft maßgeblich durch die Natur mit ihren immer wiederkehrenden Zyklen bestimmt. Einen nicht zu unterschlagenden Einfluß hatte auch die Kirche mit ihrer an der Liturgie orientierten Zeiteinteilung. In der Feudalstruktur dieser ländlich-agrarisch geprägten Gesellschaft bestand keine Notwendigkeit, Zeit anders aufzuteilen, anders zu messen als sie durch die Naturrhythmen (Tag/Nacht/Jahreszeit) vorgegeben war. Unter heutiger Perspektive würden wir die *Ungenauigkeit* als ein zentrales Kennzeichen dieser Epoche anführen. Warum änderte sich dies im Spätmittelalter? *Le Goff* (1984), gestützt auf *Bilfinger,* sieht den Grund des Wandels hin zu einem linearen Zeitverständnis zuallererst im Wachsen der Kommunen und im zunehmenden Einfluß der Städte in der spätmittelalterlichen Gesellschaft. Wirtschaftliche Notwendigkeiten, wie z. B. das

Anwachsen handwerklicher Produktionsformen (die nicht oder nur in geringem Maße durch die Natur und deren Zyklen bestimmt wurden), waren dafür ebenso ursächlich wie die Entwicklung des Geldverkehrs und die Erweiterung administrativer Kontrollbedürfnisse gegenüber der wachsenden Stadtbevölkerung. Dies zeichnete sich bereits sehr viel früher ab. In der größten antiken Stadt des Abendlandes, in Rom, waren bereits riesige Sonnenuhren angebracht – der Zeiger der größten kann noch heute vor dem italienischen Parlament besichtigt werden. *Seneca* bereits klagte über den »Mangel an Zeit«.

In einer Ursache-Wirkungs-Verschränkung, die keine nur einseitige Zuordnung zuläßt, wurden etwa zur gleichen Zeit die mechanischen Uhren erfunden und, für jeden Stadtbewohner sichtbar, an den Türmen von Kirchen und Rathäusern angebracht (Uhren ohne Minutenzeiger wohlgemerkt!). *Le Goff* faßt diesen Prozeß zusammen:

Der entscheidende Fortschritt in Richtung auf bestimmte Stunden ist offensichtlich die Erfindung und Verbreitung der mechanischen Uhr, des Uhrwerks, das schließlich die Stunde im mathematischen Sinn hervorbringt, den vierundzwanzigsten Teil des Tages. Zweifelsohne ist es gerade das 14. Jahrhundert, das diesen entscheidenden Schritt macht. Dem Prinzip nach wird das Uhrwerk gegen Ende des 13. Jahrhunderts erfunden. Das zweite Viertel des 14. Jahrhunderts erlebt dann seine Verwendung für die städtischen Uhren, deren geographische Verbreitung mit den großen Städtelandschaften übereinstimmt: Norditalien, Katalanien, Nordfrankreich, Südengland, Flandern, Deutschland. (...) Von der Normandie bis zur Lombardei siedelt sich die Stunde mit sechzig Minuten an, die bei Anbruch des vorindustriellen Zeitalters das Tagwerk als Einheit der Arbeitszeit ablöst. Auch hier gilt es, sich vor Übertreibungen zu hüten. Noch lange ist der zeitliche Rahmen vorwiegend bestimmt durch eine Zeit der natürlichen Rhythmen, des Ackerbaus und der religiösen Gebräuche. Obwohl die Menschen der Renaissance über die abstrakte Zeit verfügen können, fahren sie fort, mit unbestimmter Zeit zu leben. Eine Zeit, die noch nicht vereinheitlicht ist, die sich jedoch verschiebt in Richtung auf die staatlichen Strukturen, welche im Entstehen begriffen sind, eine Zeit städtischer Monaden. Dies wird besonders deutlich an den unterschiedlichen Ausgangspunkten der neuen Zeit, an der Stunde Null der Turmuhren: Hier ist es der Mittag, dort die Mitternacht, was noch nicht weiter schlimm wäre, noch öfter aber sind es Sonnenaufgang oder Sonnenuntergang, so schwer fällt es der vorindustriellen Zeit, sich von der natürlichen Zeit zu lösen. Nach verschiedenen anderen Reisenden des 16. und 17. Jahrhunderts ist es Montaigne, der in seiner Italienreise vermerkt, welche Verwirrung und welches Durcheinander aus dieser Zeit mit unterschiedlichen Anfangspunkten hervorgeht, welche auch noch von Stadt zu Stadt verschieden sind.

(1984, S. 35 f.)

Die Zeit wurde wertvoller, die Turmuhren wurden zur Orientierungsmarke bei der Arbeit, die Kaufleute wurden zu Kalkulatoren und zu Buchhaltern der Zeit. Symbolischen Ausdruck fand dies in der entstehenden Rivalität der Städte um die Größe ihrer Turmuhren (daher der Name »Big Ben« für Londons große Uhr). *Gurjewitsch* (1982, S. 177) schildert die Veränderung des Weltbildes, des Zeitverständnisses folgendermaßen:

Nachdem die Europäer ein Mittel zur genauen Zeitmessung und ihrer konsequenten Teilung in gleiche Abstände erhalten hatten, mußten sie früher oder später die grundsätzlichen Veränderungen, welche sich mit diesem Begriff vollzogen hatten, die Veränderungen, die von der gesamten Entwicklung der Gesellschaft, vor allem der Stadt, vorbereitet wurden, entdecken. Erstmals »erstreckte« sich die Zeit endgültig in einer geraden Linie, welche aus der Vergangenheit in die Zukunft durch den Punkt geht, den man Gegenwart nennt. Wenn in den vorausgegangenen Epochen der Unterschied zwischen Vergangenem, Gegenwärtigem und Zukünftigem relativ war (...), so wurden mit dem Triumph der linearen Zeit diese Unterschiede ganz klar, und die Gegenwart »preßte« sich auf einen Punkt zusammen, der unaufhörlich auf der Linie entlanggleitet, die aus der Vergangenheit in die Zukunft führt und die Zukunft in Vergangenheit verwandelt. Die Gegenwart wurde schnell vergänglich, unwiederbringlich und nicht faßbar. Der Mensch stieß zum ersten Mal auf die Tatsache, daß die Zeit, deren Lauf er erst dann bemerkte, als irgendwelche Ereignisse sich zutrugen, auch beim Fehlen der Ereignisse nicht stehenblieb. Folglich muß man die Zeit sparen, sie vernünftig gebrauchen und bestrebt sein, sie mit Handlungen zu erfüllen, die für den Menschen nützlich sind. Der gleichmäßig von den Stadttürmen ertönende Schlag der Glocken erinnerte unaufhörlich an die schnelle Vergänglichkeit des Lebens und rief dazu auf, dieser schnellen Vergänglichkeit würdige Handlungen entgegenzustellen und der Zeit einen positiven Inhalt zu verleihen. (...) Aus dem Eigentum Gottes verwandelt sich die Zeit in das Eigentum des Menschen.

(1982, S. 177)

Glockenzeichen einer mittelalterlichen Stadt

Gemeindeglocke:
Sie rief zu Versammlungen in öffentlichen Angelegenheiten.
Ratsglocke:
Sie holte die Ratsmitglieder ins Rathaus. Verspätetes Erscheinen wurde mit der Sanduhr gemessen und bestraft.
Werkglocke:
Sie verkündete Beginn und Ende der Arbeitszeit.
Feuerglocke:
Sie bestimmte den Zeitpunkt, bis zu dem Feuer und Licht in den Haushalten gelöscht sein mußten.
Wein- oder Bierglocke:
Sobald sie ertönte, durfte kein Wein und kein Bier mehr ausgeschenkt werden.
Wachtglocke:
Mit ihrem Läuten bezogen die Wachen ihre Posten.
Zinsglocke:
Sie wurde wöchentlich zweimal geläutet und ermahnte säumige Steuerzahler.
Marktglocke:
Mit ihr wurden Beginn und Ende des Marktes festgelegt.

(*Gaitzsch* 1982, S. 57)

Dies alles vollzog sich langsam, dauerte Jahrhunderte und hatte seinen Schwerpunkt in den größer werdenden Städten im Zeitalter der Renaissance in Italien und Frankreich. Und es war die Schicht der Kaufleute, der Handwerker und jener, die mit den Verwaltungs- und Kontrollaufgaben in den Städten zu tun hatten (1427 wurde z.B. die systematische Besteuerung in Florenz erfunden), deren Lebensform sich zunehmend an dem linearen Zeitverständnis ausrichtete. Für die Bauern blieben Naturzyklen weiterhin die dominierende Orientierung ihres Lebensrhythmus, und die Vielzahl der Armen in den Städten, ob arbeitend oder bettelnd, waren weniger die Förderer dieses neuen Zeitverständnisses als deren Opfer. Die italienischen Städte der beginnenden Renaissance waren die ersten, die ihre Zeitorientierung nicht mehr am Himmel (in doppelter Hinsicht!) fanden, sondern im abstrakten, erfahrungsdistanzierten Stundenschlag. Die »masserizia del tempo« *(Alberti)*, die Sparsamkeit mit der Zeit, wurde immer mehr zum zentralen Ziel menschlichen Handelns (speziell jenes Teils, der auf Arbeit ausgerichtet war). Zunehmend wurde diese Form der Zeitrechnung auch zum Mittel der Herrschaftsausübung gegenüber Abhängigen – ausgehend von dem Gefühl und der Illusion, die Zeit selbst beherrschen zu können. Rationale Voraussicht, Planung, Prognose, kaufmännisches und politisches Kalkül waren die darauf bezogenen individuellen und sozialen Handlungsmodelle.

Koselleck (1979, S. 34) zitiert *Lessing*, um diesen Typus menschlichen Tuns (hier bezogen aufs 18. Jahrhundert) zu charakterisieren: »Er tue oft sehr richtige Blicke in die Zukunft, aber er gleiche ebenso dem Schwärmer, denn er kann die Zukunft nur nicht erwarten. Er wünscht diese Zukunft beschleunigt und wünscht, daß sie durch ihn beschleunigt werde (...). Denn was hat er davon, wenn das, was er für das Bessere erkennt, nicht noch bei seinen Lebzeiten das Bessere wird«.

Auf das Neue, auf eine offene Zukunft ohne religiöse und weltliche Grenzen, auf Kommendes hin war das Leben orientiert. Man gab der Epoche den treffenden Begriff der »Neuen Zeit« (Neuzeit) und benannte am Ende des 18. Jahrhunderts das auf Zukunft hin gerichtete, immer fortschreitende Handeln »Fortschritt«.*

* Vgl. hierzu die fundierte Analyse von *Koselleck* »Vergangene Zukunft« (1979), dort auch das erklärende Zitat von *W. Schulz* aus dem Jahre 1841:

Mit Hilfe der Wissenschaft hat die Entwicklung des linearen Zeitverständnisses u. a. durch die Erfindung der Räderuhr und durch die Verfeinerung der klassischen theoretischen Mechanik (dies insbesondere durch *Galilei* und *Newton),* ihre stärksten Impulse erhalten. *Newton* z. B. entwickelte die Grundlagen für eine von den natürlichen Dingen und deren Bewegungen abstrahierende einheitliche universale Maßzeit. Der europäische Rationalismus entstand zum Beginn der sog. »Neuzeit« und fand in dem System von *Descartes* seinen deutlichsten philosophischen Ausdruck (vgl. dazu *Oedingen* 1958).

Müßiggang ist aller Laster Anfang

Aber die Wissenschaft allein hatte selbstverständlich nicht durch sich selbst die Kraft, Weltbilder, die in diesem Ausmaß praktisch, d. h. sinnbestimmend wurden, zu setzen und zu fördern. Es war die protestantische Ethik, die sich maßgeblich gegen die verwerfliche Verschwendung der Zeit, den Müßiggang, richtete und die die planvolle Gestaltung von Gegenwart und Zukunft zur ethischen Pflicht machte. Eine Kapitelüberschrift in *Baxters* »Christian Directory« von 1673 lautet: »Warum der Christ seine Zeit ordnen soll und muß«.

Speziell der Pietismus entwickelte ein positives Wertverhältnis des Menschen zur Zukunft, ein Verhältnis, das gekennzeichnet war durch eine vorwärts gerichtete, progressiv aufsteigende Linie. Das herrschende und zunehmend alles beherrschende Fortschrittsdenken bekam hierdurch seine wichtigsten Wurzeln. Ethisch-moralische Appelle, »die Zeit zu nutzen«, und zwar durch Arbeit, drückten dies deutlich aus. Dazu ein Zitat aus *Heywoods* »Meetness for Heaven« aus dem Jahre 1690:

Die Zeit ist ein allzu wertvolles Gut, um mißachtet zu werden. Sie ist eine goldene Kette, an der die ganze Ewigkeit hängt; der Verlust

»Das Auftauchen neuer Worte in der Sprache, ihr häufigerer Gebrauch und die wechselnde Bedeutung, die ihnen durch den Stempel der herrschenden Meinung aufgeprägt wird, also das, was man die gerade geltende Sprachmode bezeichnen darf, ist ein nicht zu verachtender Zeiger an der Uhr der Zeit für alle, die nach äußerlich geringfügigen Erscheinungen auf die Veränderungen im Gehalte des Lebens zu schließen vermögen.«

von Zeit ist unverzeihlich, denn er ist durch nichts wiedergutzumachen (...).

Wo bleibt der Verstand jener Menschen und aus welchem Metall sind ihre verhärteten Herzen, daß sie müßig gehen und die Zeit vertändeln, diese kurze Zeit, diese einzige Zeit, die ihnen für die ewige Rettung ihrer Seelen gegeben ist?

(Zit. nach *Thompson* 1973, S. 97f.)

Der Nicht-Müßiggang ist die tragende protestantische Ordnungsidee; Trägheit, Bettelei, Aufruhr, ja auch Armut wurden tendenziell als gemeinschaftsschädigende Einstellung angesehen:

Das protestantische Arbeitsethos zeichnet sich dadurch aus, daß es »den Menschen nicht nur zur Arbeit treibt, wenn er Hunger hat, sondern ihn einem inneren Zwang gehorchen läßt, der Kraft weit wirksamer anspannt als bloß äußere Notwendigkeit.« Das Ethos ist weitgehend negativ von der Sündhaftigkeit des Müßigganges her bestimmt.

(*Braun* 1979, S. 182)

Schließlich wird ja durch die optimale (ökonomische) Nutzung der Zeit durch Arbeit das Anrecht auf einen Platz im Paradies erworben. (In der messianischen Idee des Judentums war dies bereits angelegt. – G. *Scholem* bezeichnet es als »Leben im Aufschub«.)*

Zeit, Arbeitsdisziplin und Industrie-Kapitalismus

Eng verknüpft waren diese Aspekte – die komplizierten Zusammenhänge können hier nicht detailliert aufgezeigt werden – mit den Interessen von Staatsmännern (und hier besonders jenen der Militärs) an einer genaueren Zeiteinteilung, präziseren Planung und intensiveren Kontrolle über strategische Abläufe und soziale Prozesse.

* *Zwingli* und *Calvin*, die in der Schweiz wirkenden Reformatoren (Reformatoren in vielerlei Hinsicht), waren die prononciertesten Prediger gegen den Müßiggang: »Man darf überall nie müßiggehen, sondern soll beständig thätig sein«. Auch ein Effekt dieser auf fruchtbaren Boden gefallenen Ermahnungen ist die bis in unsere Tage marktbeherrschende Schweizer Uhrenindustrie. Nirgends deutlicher als in der Schweiz (dort besonders in Genf) war und ist der Zusammenhang von Zeitnutzern, Fortschrittsgläubigkeit, Uhrenindustrie und Gewinn daraus zu sehen. Und viele, die heute woanders durch die Maxime »Zeit ist Geld« zu Reichtum gekommen sind, bringen ihre »Überschüsse« in die Schweiz.

Mit der Auflösung des Feudalismus und den neuen Entwicklungen im Manufakturwesen, im Geldverkehr und im Handel, bildete sich bei der Stadtbevölkerung eine zunehmend rationalere Form der Wirklichkeitserfassung und Realitätsgestaltung aus. Disponierendes Denken, kaufmännische Kalkulation wurden zum vorherrschenden Moment des voranschreitenden Zivilisationsprozesses. Arbeit löste sich von dem Individuum, das sie ausführte, ab. Als Produktionsfaktor wurde die arbeitende Person (zeit-)ökonomischer Disposition unterworfen. Wichtiger als die Arbeitenden wurden die Umlaufzeiten von Kapitalsummen und die von Warenmengen. Zeitökonomie entwickelte sich immer mehr zur bestimmenden Form der Rationalität. Zunehmend prägte der *homo oeconomicus* das städtische Leben.

Anschaulich hat diese Entwicklung *Thompson* in seiner Studie: »Zeit, Arbeitsdisziplin und Industriekapitalismus« (1973) historisch nachgezeichnet. Besonders einprägsam schildert er die Heftigkeit der gesellschaftlichen Konflikte zu Beginn der industriellen Massenproduktion; Kämpfe, bei denen es maßgeblich um die Anpassung der Arbeitenden an die Formen linearer Zeitrationalisierung ging. Die Konflikte dauern auch heute noch an und sind in der Auseinandersetzung um die »Ladenöffnungszeiten« sehr aktuell.

Die Geschichte des Industriekapitalismus kann man bei *Thompson* als eine Geschichte der Auseinandersetzung um die Etablierung des linearen Zeitmodells lesen. Beispielhaft dafür das von ihm zitierte Gesetzbuch der englischen Crowley-Eisenwerke: »Hier am eigentlichen Beginn der Massenproduktion, hielt es der alte Autokrat Crowley für nötig, ein ganzes bürgerliches Gesetzbuch und eine Strafgesetzordnung von mehr als 100 000 Wörtern zu verfassen, um seine widerspenstigen Arbeitskräfte unter Kontrolle zu halten.« In Anordnung 103 steht:

Manche glaubten wohl, bei ihrem Können und Geschick das Nötige in kürzerer Zeit zu schaffen als andere und haben sich eine Art Bummelrecht angemaßt. Andere waren der törichten Meinung, ihre bloße Anwesenheit ohne jede Arbeit genüge schon (...) Manche besaßen sogar die Unverschämtheit, sich ihrer Schande zu rühmen und andere wegen ihres Fleißes zu tadeln (...) Um Faulheit und Schändlichkeit aufzudecken und die Guten und Fleißigen zu belohnen, hielt ich es für angemessen, durch einen Aufseher einen Zeitplan aufstellen zu lassen und Ordnung zu schaffen, und so sei

bekanntgemacht, daß es von 5 bis 8 und von 7 bis 10 fünfzehn
Stunden sind, von denen 1 ½ für Frühstück, Mittagessen usw.
abgezogen werden. Das bedeutet 13 ½ exakte Arbeit (...) Bei
Berechnung der Arbeitszeit war all jene Zeit nicht zu berücksichti-
gen, die vertan wird in Wirtshäusern, Bierstuben und Kaffeehäu-
sern, für Frühstück, Mittagessen, Spiel, Schlaf, Rauchen, Singen,
Zeitunglesen, Zank, Streit und Disput, bei jedweder Art von
Müßiggang und bei aller Tätigkeit, die nicht mein Geschäft betrifft.

(Zit. nach *Thompson* 1973, S. 93)

Demonstriert wurde auch von denen, die es sich leisten konnten, die
Zeit nach ihren eigenen Prinzipien einzuteilen, wie ernst sie es mit
der Verrechenbarkeit von Zeiteinheiten in Geldeinheiten nahmen.
Mancher Unternehmer wollte hierbei als Vorbild wirken. So z.B.
Gustav Krupp, der wie man sieht, sogar das Leben im Schloß nach
der Maxime »Zeit ist Geld« gestaltete.

Gästen, die über Nacht auf dem Schloß bleiben, wurde bekanntge-
geben, das Frühstück werde um 7.15 Uhr serviert. Erschienen sie
erst um 7.16 Uhr, standen sie vor den verschlossenen Türen des
Speisezimmers. Gustav selbst frühstückte genau 15 Minuten lang,
und dann eilte er mit großen Schritten nach draußen, wo sich die
Kutsche – oder ab 1908 der Wagen – genau in dem Augenblick in
Bewegung setzte, wenn seine Füße nicht mehr auf der Erde standen.
In seiner Tasche trug er ein kleines Buch mit sich herum, in dem der
Stundenplan für jeden Tag in allen Einzelheiten vorgezeichnet war:
So viele Minuten für dies, so viele für das. Es war sogar ein Termin
zur Ausarbeitung des Stundenplans für den nächsten Tag (...)
berücksichtigt.

(Vgl. *Jeggle* 1978, S. 117)

Als zu Beginn des 19. Jahrhunderts mit der Erfindung und Entwicklung neuartiger Verkehrs- und Kommunikationsmöglichkeiten
auch die Mittel für eine zunehmende Beschleunigung bereitstanden,
wurde das lineare Zeitmodell immer mehr zum unproblematischen
Alltagsverständnis.

Die Eisenbahn – inzwischen schon viel zu langsam – war das
zentrale Symbol zunehmender Beschleunigung für das 19. Jahrhundert:

Die Eisenbahn hat sich als Zauberstraße erwiesen. Die Lokomotive
hat der Zeit eine neue Schnelligkeit gegeben. Sie hat England
tatsächlich auf ein Sechstel seiner Größe zusammenschrumpfen
lassen. Sie hat das Land näher an die Stadt und die Stadt näher an das

Land gebracht (...) Sie hat Pünktlichkeit, Ordnung und Aufmerksamkeit gefördert und sich durch ihr Beispiel als Morallehrer erwiesen. *(Klingender* 1970, S. 121)

Auto und Flugzeug sind die Symbole des beginnenden 20. Jahrhunderts. Von *Henry Ford*, dem personifizierten Sinnbild des Unternehmers am Beginn unseres Jahrhunderts, wird kolportiert, daß er bezeichnenderweise seine Karriere als Uhrmacher begann – »Ford-Schritt«.

Auch Ende des 19. Jahrhunderts gab es noch von Stadt zu Stadt unterschiedliche Zeiten – St. Petersburg bestimmte z. B. seine Lokalzeit durch die Differenz von zwei Stunden, einer Minute und 18,7 Sekunden zum Bezugspunkt Greenwich. In den USA gab es 1870 noch 80 unterschiedliche Eisenbahnzeiten, und am Ulmer Hauptbahnhof z. B. konnte man bis in die zwanziger Jahre das württembergische neben dem bayerischen Ziffernblatt sehen – zu dieser Zeit zeigten beide allerdings schon dieselbe Uhrzeit. Aber mit der immer schneller fortschreitenden Entwicklung des Verkehrs und der Kommunikationsmittel wurden nationale und internationale Zeitkoordinationen notwendig. Es war allerhöchste Eisenbahn. 1891 forderte *von Moltke* im Parlament unter Verweis auf militärische Gründe die Einführung einer Standardzeit in Deutschland. 1893 geschah dies dann auch (vgl. dazu *Kern* 1983, S. 12). In den Protokollen diverser Zeitkonferenzen, z. B. jener von 1912 in Paris, kann man nachlesen, wie der Weg zur abstrakten Weltzeit beschritten wurde.

Dies alles spiegelt sich in der enormen Verbreitung von inzwischen erheblich billiger hergestellten industriell gefertigten Uhren. In der zweiten Hälfte des 19. Jahrhunderts stieg der Umsatz an Taschenuhren enorm an, und als dann Anfang des 20. Jahrhunderts die Armbanduhr eingeführt wurde, hatte fast jeder seinen Zeitmesser – aber nicht mehr seine Zeit.

Wiederum, wie fünf Jahrhunderte vorher, wuchs die Einwohnerzahl der Städte stark an und von den Städten geht dann auch die Beschleunigung des Lebens maßgeblich aus. »Newyorkitis« nennt *John Girdner* (1901) sein Buch, in dem er die Hast des Großstadtlebens zu seinem literarischen Thema macht.

Ein Schock, ausgelöst durch den Untergang der »Titanic«, zeigte dem Geschwindigkeitskult zwar kurzzeitig Grenzen auf, die Industriegesellschaft mit der sich zunehmend verselbständigenden Dynamik der Produktion konnte (und wollte) jedoch die Verbreitung des linearen Zeitverständnisses nicht bremsen. Alles beschleunigte sich weiter – am meisten der Fortschritt selbst. Die Demonstration dessen, daß man wichtig ist oder glaubt wichtig zu sein, geschieht heute weitgehend über die Darstellung zeitlicher Inanspruchnahme. Zeitknappheit ist zum unverzichtbaren Statusmerkmal jener geworden, die als die »Oberen« angesehen werden bzw. sich dort gerne sehen lassen würden.

Alles dies drückt sich schließlich auch in jenen Lebensbereichen aus, die der »Muße« zugerechnet werden (falls es so etwas überhaupt noch gibt). So wie die Produktion immer hektischer wird, so auch der Konsum und der Genuß.

In der Geschichte des Rauchens zeigt sich die Beschleunigung in der Vereinfachung und Verkürzung des Rauchvorgangs. Das Pfeifenrauchen erfordert noch ein ganzes Arsenal von Gerätschaften und Handgriffen, bevor die Pfeife auch nur rauchfertig ist. Es ist jeweils ein kleiner, in sich geschlossener Produktionsvorgang erforderlich: das Schneiden des Tabakblattes, das Stopfen der Pfeife usw.

Mit dem Aufkommen der Zigarre zu Beginn des 19. Jahrhunderts entfällt dies. Hier ist das Produkt fertig, es braucht nur noch beschnitten und in den Mund gesteckt zu werden, ein Vorgang der Verkürzung und Beschleunigung, der mit dem des etwas später erfundenen Zündholzes, welches den mühsam-langwierigen Prozeß des Feuerschlagens in einen Moment hinein verkürzt, vergleichbar ist.

Ein halbes Jahrhundert nach dem Erscheinen der Zigarre wiederholt sich der Beschleunigungsvorgang noch einmal mit der Zigarette. Sie wird so gebrauchsfertig geliefert wie die Zigarre, von der sie sich hauptsächlich durch die nun sehr verkürzte Zeit unterscheidet, in der sie zu Ende geraucht wird. Das ist eine ganz wesentliche Innovation. Die Zigarette ist leicht und kurz, im physischen wie im zeitlichen und pharmakologischen Sinn des Wortes. Eine »Zigarettenlänge«, wie die neue Zeiteinheit heißt, unterscheidet sich von einer Zigarrenlänge wie die Geschwindigkeit der Postkutsche von der des Automobils. Die Zigarette verkörpert einen anderen Zeitbegriff als die Zigarre. Die Ruhe und Konzentration, die ein Zigarettenraucher im 20. Jahrhundert empfindet, ist eine andere, als die des Zigarren- oder Pfeifenrauchers im 19. Jahrhundert.

(*W. Schivelbusch* 1980, S. 123)

Seltsame Anstrengungen unternehmen jene, die sich – aus welchen Gründen auch immer – von dem Beschleunigungssog abzukoppeln wünschen. Die Skurrilität solcher Versuche zeigt ihre Aussichtslosigkeit. So z.B. verlangte es ums Jahr 1839 der Stil der Pariser (oberen Sozialschichten), beim Promenieren in den Straßen eine Schildkröte mit sich zu führen, um das bereits verinnerlichte Tempo durch äußerliche Hilfsmittel zu reduzieren. Überhaupt kämpft in diesem Jahrhundert der Adel heftig gegen den Verfall der Distinktionsriten und damit gegen die Bedrohung der Verringerung sozialer Distanz zur übrigen Bevölkerung durch die »gleichmachende« Beschleunigung. *Bulwer-Lyttons* »Pelkam« z.B., so berichtet *Kiltz* (1983, S. 15f.), versuchte der Verinnerlichung zunehmender Schnelligkeit beim Essen dadurch Widerstand entgegenzusetzen, daß er immer ein besonders kleines Besteck bei den Mahlzeiten benützte.

Auch unsere Kommunikation zeigt die Narben der Beschleunigung deutlich. Zahlen statt Texte, plakative Abkürzungen statt ausdrucksvoller Benennung. Das eindrucksvollste Beispiel: Los Angeles hatte, als es gegründet wurde, noch den schönen Namen »El Pueblo de Nuestra Señora la Reina de los Angeles de Porciuncula«. Als die Stadt immer größer wurde, wurde der Name immer kürzer. Heute ist der Name dieser Stadt in der Umgangssprache auf »L. A.« geschrumpft, und dieser sprachlichen Charakterlosigkeit entspricht die urbane.

Die Zeit wächst über die Köpfe

Zu Beginn unseres Jahrhunderts wird Zeit ein bevorzugtes Thema bei Literaten, Musikern, Malern und Bildhauern. Angst vor der linear strukturierten Wirklichkeit und der offenen Zukunft zeichnen *Kafkas* Romanfiguren aus. *Proust* (»Auf der Suche nach der verlorenen Zeit«) und *Joyce* in seinem »Ulysses« machen »Zeit« zu ihrem Thema. *Strawinsky* versucht mit seiner Musik nach eigenen Aussagen »Ordnung zu setzen zwischen den Menschen und der Zeit«. Hundert Jahre vorher hatte bereits *Goethe*, dessen Erfahrungen und Betrachtungen sich ja noch an der Geschwindigkeit von Postkutschen orientierten, im Alter von 76 Jahren in einem Brief an *Zelter* vorausahnend formuliert:

Reichthum und Schnelligkeit ist, was die Welt bewundert und wonach jeder strebt. Eisenbahnen, Schnellposten, Dampfschiffe und alle mögliche Facilitäten der Communication sind es, worauf die gebildete Welt ausgeht, sich zu überbilden und dadurch in der Mittelmäßigkeit zu verharren (...) Eigentlich ist es das Jahrhundert für die fähigen Köpfe, für leichtfassende praktische Menschen, die, mit einer gewissen Gewandtheit ausgestattet, ihre Superiorität über die Menge fühlen, wenn sie gleich selbst nicht zum Höchsten begabt sind. Laß uns soviel als möglich an der Gesinnung halten, in der wir herankamen; wir werden, mit vielleicht noch Wenigen, die Letzten seyn einer Epoche, die so bald nicht wiederkehrt.

(Zit. nach *Benjamin* 1980, S. 151)

Ludwig Börne notierte am 9. Mai 1830 in sein Tagebuch, daß ihm »die Zeit über den Kopf gewachsen« sei, während *Hegel* bereits Jahre vorher die Zeit als »die reine Unruhe des Lebens« bezeichnete. Und *Kleist*, über sein eigenes unstetes Hin- und Herreisen unglücklich, klagt: »Ach, es ist meine angeborene Unart, nie den Augenblick ergreifen zu können, und immer an einem Orte zu leben, an welchem ich nicht bin, und in einer Zeit, die vorbei, oder noch nicht da ist« (1977, S. 220). Lange vor diesen hatte bereits *Rabelais* an der Wende vom zyklischen zum linearen Zeitverständnis seinen »Gargantua« mahnend ausrufen lassen: »Die einzig wahre Zeitverschwendung ist es, die Stunden zu zählen.«

Die »Zeit« und ihr Verständnis im Symbol der Linie ist, wie man sieht, schon lange Gegenstand kritischer Äußerungen. Drei grundlegende Formen des gesellschaftlichen Wandels ließen den linearen Zeitbegriff so dominant für unsere Zeit werden: Die Urbanisierung, die Industrialisierung und die Bürokratisierung.

Die lineare, subjektdistanzierte Zeitvorstellung – die Zeit der Uhren – war und ist, so *Luhmanns* (vgl. z.B. 1978) zentrale These, Funktion und Folge fortschreitender gesellschaftlicher Differenzierung. Dieser Prozeß dauert an, und wer mit offenen Augen und Ohren auf sich selbst und das, was um ihn herum vorgeht, schaut und hört, der merkt tagtäglich, daß es auf dieser »Linie« vorangeht; auch vor ihr fliehen zu wollen, führt (meistens) nach vorne:

Es gibt keinen Flug zwischen Punkt A und Punkt B, sagen wir: zwischen New York und Paris, der nicht grundsätzlich als zu lang gälte. Die Bewältigung dieser Strecke erfordert heute noch sechs Stunden? Zu langsam. Und welche Blamage, wenn wir für die

Überbrückung dieser Strecke im nächsten Jahr mehr als fünf Stunden benötigen und sie im nächsten nicht in vier leisten. Was immer Dauer erfordert, dauert zu lange. Was immer Zeit beansprucht, beansprucht zuviel Zeit. (*Günter Anders* 1980, S. 337/338)

Nicht einmal das Denken ist davon ausgenommen. »Vordenker« sind gefragt »Nachdenker« weniger!

Mit der Industrialisierung des gesamten Erdballes schreitet auch die Karriere des linearen Zeitmodells unaufhaltsam fort. Und der heute noch feststellbare gravierende Unterschied zwischen der Gehgeschwindigkeit eines Großstädters und derjenigen eines Landbewohners (z. B. gehen in München die Menschen etwa doppelt so schnell wie in einem süditalienischen Dorf) wird bald eingeebnet sein. »Was damals im Schritt ging, geht jetzt im Galopp« schrieb *Arndt* (zit. nach *Koselleck* 1977, S. 286) bereits 1807.

Das, was wir mit »Freizeit« bezeichnen, ist von diesem Trend nicht ausgenommen. Unruhe, gespannte Erwartung, permanente Aktivität ist dort unser alltäglicher Lebensstil; »immer dort sein, wo was los ist« heißt die Devise. (In Cincinnati, USA, soll es sogar ein Anti-Bummel-Gesetz geben.) Sogenannte »Ausgleichs-Sportarten« nähern sich immer mehr der im Produktionsbereich üblichen Hektik an. Mit möglichst hoher Geschwindigkeit weite Räume überbrücken ist die Tendenz modischen Freizeitsports, wie z. B. des Segelns, des Skatens, Skifahrens usw. Vergnügungsreisen, das gibt es nicht mehr, dafür allerorten, auch an den langweiligsten, den Aktiv-Urlaub.

Die am höchsten entwickelte Form der Freizeit ist konsequenterweise, keine freie Zeit mehr zu haben. »Zeit-Vertreib« gelingt nur mehr wenigen. Wir verbringen unsere Zeit im Kampf um die Zeit – das Leben ist zum »match against time« geworden. Freizeit wird zur Fortsetzung der Berufsarbeit mit anderen Mitteln. Reisen ist schließlich nur mehr ein leeres Warten auf die Ankunft. Wie dies aussieht und wie sich dies entwickelt hat, beschreibt *Ranft*:

Betrachten wir die touristischen Zerrbilder von einer anderen Seite; sie entstehen auch durch die veränderten Reisegeschwindigkeiten. Bis zur Erfindung der Eisenbahn betrug die Reisegeschwindigkeit zu Pferd oder im Wagen pro Tag 40 bis 45 Kilometer. Heute legt man mit der Bahn pro Tag gut und gerne 1000 Kilometer zurück, mit dem Auto oft weit mehr, mit dem Flugzeug ohne Schwierigkeiten 10 000 Kilometer.

Die Reisegeschwindigkeit hat kein menschliches Maß mehr, die Menschen sind oft nicht mehr in der Lage, mit ihrem Bewußtsein ihrer raschen Fortbewegung zu folgen. Ich habe das selbst erst kürzlich auf einer Karibikreise erlebt. Einen ganzen Nachmittag lang versuchte ich mir am Strand von Buck Island klarzumachen, daß ich zwar noch vor zwölf Stunden in Frankfurt, jetzt aber tatsächlich auf einer von den Virgin Islands war. Richtig geschafft habe ich es trotzdem nicht.

Es hat tatsächlich den Anschein, daß eine der großartigen Möglichkeiten zur Emanzipation der Menschen, das Reisen nämlich, sich in ihr genaues Gegenteil verkehrt. Reisen bildet, hieß es früher. Heute könnte man in vielen Fällen überspitzt formulieren: Reisen verdummt. Die wirtschaftlichen und technischen Errungenschaften unseres Jahrhunderts, die es dem Menschen so leicht wie noch nie machen, die Welt zu entdecken, haben letztlich nur den oberflächlichen Massentourismus hervorgebracht. (1983, S. 107)

Wird auch das Leben immer schneller, immer hastiger, so bleibt doch eines konstant, das Bezugssystem für das Zeitverständnis. Der lineare Zeittypus hätte sich selbst überholt und wäre am Ende, wenn folgende Meldung stimmen würde: »Wußten Sie schon, daß von einer Schweizer Firma kürzlich die schnellste Uhr der Welt entwickelt wurde – zu einer Stunde braucht dieser Rekord-Chronometer genau 43 Minuten und 12 Sekunden« (Pardon 1966, Heft 5).

»Jetzt! Jetzt!« rief die Königin. »Schneller! Schneller!« Und nun sausten sie so schnell dahin, daß sie beinahe nur noch durch die Luft segelten und den Boden kaum mehr berührten, bis sie plötzlich, als Alice schon der Erschöpfung nahe war, innehielten, und im nächsten Augenblick saß Alice schwindlig und atemlos am Boden.

Voller Überraschung sah sich Alice um. »Aber ich glaube fast, wir sind die ganze Zeit unter diesem Baum geblieben! Es ist ja alles wie vorher!«

»Selbstverständlich«, sagte die Königin. »Hierzulande mußt du so schnell rennen, wie du kannst, wenn du am gleichen Fleck bleiben willst.« (*Lewis Caroll:* »Alice im Wunderland«)

Wie sich der Fortschritt einmal selbst überholte

Aesop, dieser große Mann, sah seinen Herrn im Gehen pissen.
»Was soll denn das?«, sagte er, »werden wir auch noch im Laufen
scheißen müssen?« Gehen wir noch so sparsam mit der Zeit um; es
wird uns immer noch genug übrig bleiben, die wir müßig und
schlecht verbringen. Hat unser Geist nicht Zeit genug, um seinen
Bedürfnissen zu folgen; muß er sich auch noch in dieser kurzen
Zeitspanne vom Körper trennen, die der für seine Geschäfte
braucht? Sie wollen aus sich heraus und dem Menschen entrinnen.
Das ist Torheit; statt sich in Engel zu verwandeln, verwandeln sie
sich in Tiere; statt sich zu erheben, stürzen sie ab.

(*Montaigne:* »Von der Erfahrung« 1595,
zit. nach *Greffrath* 1984, S. 237/238)

Exkurs: Die Uhr bleibt stehn, die Zeit nicht

Zur Geschichte der Zeitmessung

Die Entwicklung unseres Zeitverständnisses, unseres Verhältnisses zur Zeit, ist eng verknüpft mit der Veränderung der Zeitmaße. Benennbarer und sichtbarer Ausdruck einer Kultur sind die spezifischen Formen der Zeitrechnung und jene der Zeitmeßinstrumente. Dabei fließen häufig kultische, astronomische, naturbezogene, mechanische und mathematische Elemente zusammen. Historisch gesehen, ist die Entwicklung jedoch eindeutig, nämlich hin zu zunehmender Abstraktheit und Entsubjektivierung. Trotzdem ist die Geschichte der Zeitmessung als die Suche nach einem natürlichen Vorgang, an dem man sich orientiert, zu verstehen.

Ob die Nacht, wie früher in der Steiermark, danach eingeteilt wird, wann der Bauer üblicherweise zum Pinkeln gehen muß, also an der menschlichen Natur in diesem Falle orientiert ist, oder ob die Sekunde heute durch die »9 192 631 700 Schwingungen der Frequenz beim Übergang von einem Energieniveau des Zäsium-Isotops 133 zum anderen« definiert wird – Abläufe der Natur sind der zentrale Bezugspunkt. Dies erinnert daran, daß es keine von den Dingen und Prozessen in uns und um uns herum unabhängige Zeit gibt, sondern daß Zeit immer eine Beziehung zu diesen benennt. Die Bezugspunkte und damit auch die Zeitmaße beruhen auf sozialen Übereinkünften, es sind von (einflußreichen!) Menschen gemachte Regeln. Diese Konventionen wurden in der Geschichte immer wieder geändert; und sie haben auch heute teilweise nur kurzen Bestand. Die Einführung der Sommerzeit war die für die Bevölkerung der Bundesrepublik offensichtlichste Neuregelung der letzten Jahre. Daneben radikalisiert sich heute die Genauigkeit der Zeitmessung jenseits der Reizschwelle menschlicher Sinne:

Der Urmeterstab aus Platin-Iridium in Paris mißt, als Idealkonstrukt der Aufklärung, 1 sec. = 86/400 Teil des mittleren Sonnentags. Aber die Umdrehung der Erde ist nicht genügend gleichmäßig. Seit 1960 kommen die Definitionen der Grundeinheiten in Bewegung. Die 11. Generalkonferenz der internationalen Experten für Maße und Gewichte nimmt die Spektrallinie des Krypton-86-Isotops im Orange-Spektralgebiet, um an deren Wellenlänge die Meterdefinition anzuknüpfen. Auf 1:100 Mio. (10^{-8} Meter), d.h. 1/

100000 mm genau. Das ist für Spitzungsangaben bei Industriediamanten aber recht ungenau.

Die 13. Konferenz 1967 knüpfte die Sekunde an eine bestimmte Mikrowellenlinie eines Cäsium-Isotops mit einer Frequenz von 10 Mrd. Hertz. Solche Frequenzen lassen sich auf 1 Hertz genau messen. Genauigkeit von 10^{-10}, also hundertmal genauer als die Meterdefinition. Das ließ einigen Experten keine Ruhe. Eine ganz andere Meterdefinition ist nötig. Es gibt hierzu einen sehr einfachen Weg. Wellenlänge (l) und Frequenz (f) sind über Lichtgeschwindigkeit (c) durch folgende Gleichung verknüpft: $l \times f = c$. Legt man für die Lichtgeschwindigkeit einen bestimmten Wert fest, so wäre jede Wellenmessung auf eine Frequenzmessung rückführbar – mit deren höherer Genauigkeit.

Am »National Bureau of Standards« erhielt man für c = 299792456 m/sec., die Physiker vom National Laboratory kamen auf eine um 3 m/sec. höhere Geschwindigkeit. Genauigkeit ist also besser als 1:100 Mio. Letzter gemessener Wert 299792500 mit Fehlermöglichkeit 100 m/sec.　　　　(*Alexander Kluge* 1977, S. 466)

Der Mensch, dieser Exkurs ist der Beleg, hat kein Organ, mit dem er die Geschwindigkeit *absolut* schätzen könnte. Daher hat er sich mit zunehmender gesellschaftlicher Differenzierung Hilfsmittel geschaffen, um dieses Defizit auszugleichen. Die Uhr ist das bekannteste und verbreitetste.

Ob Sanduhr, Sonnenuhr oder Quarzuhr, Zeitbestimmer sind Instrumente, die sich Menschen für ganz bestimmte Zwecke geschaffen haben. Sie dienen Menschen als gemeinsame Bezugsabfolgen für die Bestimmung von Positionen im Nacheinander einer Vielfalt von oft recht verschiedenen Geschehensabläufen, von denen jeder potentiell oder aktuell sichtbar und greifbar ist, wie der Geschehensablauf der Uhren selbst.　　　(*Elias* 1982, S. 1004)

In der Frühzeit der Kulturgeschichte dominierte die natürliche, d.h. die an der sichtbaren und spürbaren Natur orientierte, Zeitrechnung. In Ägypten hatte das Jahr drei Jahreszeiten: »Überschwemmung«, »Aussaat«, »Ernte« – die an den bäuerlichen Arbeitszyklus geknüpft waren. Auch als dort bereits das Jahr in zwölf Monate eingeteilt wurde, waren für die Bezeichnungen dieser Monate die landwirtschaftlichen Abläufe maßgebender Orientierungspunkt.

Das älteste Zeitmaß, dessen Nachweis bei allen Völkern möglich ist, ist der Wechsel von Tag und Nacht, die Orientierung an der

Umdrehung der Erde um ihre eigene Achse (die früher ja als Drehung des Himmelsgewölbes um die Erde wahrgenommen wurde). Orientierung wurde mit Hilfe des Sonnenstandes bzw. des Grades von Helligkeit und Dunkelheit gesucht und gefunden.

Mit anderen Worten: Zeitstückelung und daraus folgend Zeitrechnung, als Zählung der Wiederkehr gleicher Vorgänge, mußte zunächst an leicht zu beobachtende und ihrer Dauer nach leicht zu überschauende und zu identifizierende Vorgänge gebunden sein.

Diese boten sich vor allem in zwei Erscheinungsgruppen der menschlichen Umwelt an, die unter sich zusammenhingen, wie man bald erkannte, und die für alles Zeitrechnungswesen ausschlaggebend geworden sind: nämlich einmal in den astronomischen Vorgängen, sichtbar in der tatsächlichen oder scheinbaren Bewegung der Himmelskörper, und zum zweiten in den von diesen abhängigen, regelmäßig wiederkehrenden Licht- Klima- und Vegetationsverhältnissen auf der Erde. (…)

Tag, Monat und Jahr wird man also als die aus der Beobachtung der Umwelt zunächst gewonnenen Zeiteinheiten anzusehen haben.

(*von Brandt* 1966, S. 721)

Die Julianische Kalenderreform (benannt nach *Julius Cäsar*, der im ersten Jahr seiner Diktatur 46 v. Chr. dieses System eingeführt hat), forcierte, nicht zuletzt aufgrund der damaligen Machtfülle des römischen Reiches, eine einflußreiche Rationalisierung der Zeitmessung. Das Jahr wurde mit 365 Tagen und einem Schalttag im vierjährigen Rhythmus festgelegt. Der erste Tag des Monats Januar wurde zum Jahresbeginn (vorher begann das Jahr mit der Vegetationsperiode im März). Die Jahreszeiten erhielten gleichbleibende Längen, die Monate wurden vom Mondlauf gelöst.

Astronomische Erwägungen – nämlich möglichst genaue Berücksichtigung der wahren Länge des mittleren Sonnenjahres mit ihren praktischen Konsequenzen für die Lebensführung –, innenpolitische Rücksichten – nämlich möglichste Schonung von Volksmeinung, Volksbrauch und alten Festterminen – und rationale Gesichtspunkte – nämlich Schaffung eines möglichst einfachen und doch dauernd brauchbaren Kalenders – durchdringen sich also bei der Julianischen Kalenderreform in einer für *Cäsar* und für das römische Denken überhaupt sehr charakteristischen Weise. So sind auch die Grundlagen dieser Reform eklektizistisch aus ägyptischen, römischen und orientalischen Überlieferungen und Erkenntnissen kombiniert worden: ein großartiges und typisches Erzeugnis der zusammenwachsenden mittelmeerischen Weltkultur ihrer Zeit.

(von Brandt 1966, S. 724)

Diese Zeitrechnung hatte bis ins 16. Jahrhundert Bestand. Zur Zeitmessung standen Sonnen-, Wasser- und Sanduhren zur Verfügung. Dort wo es klare Nächte gibt, z.B. in Spanien, kann man in Klöstern (auch heute noch) sogar Monduhren finden.

Mit der Erfindung der Räderuhren (mit Gewicht und Hemmung) um die Wende des 12. zum 13. Jahrhundert setzte eine an der Mechanik orientierte Form der Zeitmessung ein. Die Zeit, die bisher durch den gleichmäßigen Verlauf der Sonne, das gleichmäßige Tropfen des Wassers oder des Sandes in einen engen Zusammenhang mit diesen natürlichen Bewegungen gebracht wurde, konnte nun in einzelne Schritte, in objektive Gegebenheiten zerlegt und unabhängig von äußeren Bedingungen festgelegt werden. Dies führte zu einem auf Fristen bezogenen Zeitbewußtsein.

Die Räderuhren fanden zuerst in den Klöstern Verwendung, um dort die genaue Einteilung liturgischer Handlungen zu gewährleisten. Es waren so auch Mönche, die die Uhren immer mehr verbesserten. Ab Mitte des 14. Jahrhunderts sah man dann auch, besonders in Italien, Uhren auf öffentlichen Plätzen (meist an Türmen).

Dabei wird wieder der bereits erwähnte Zusammenhang von Urbanisierung, Merkantilisierung und der Verbreitung von Uhren deutlich. Die Verbindung der Räderuhren mit Glockenspielen ließen den Schritt zur Abstraktion oftmals wohlklingender erscheinen, als er faktisch war (für alle, die sich das einmal ansehen und anhören wollen, empfehle ich die Uhr im Straßburger Münster). Um 1500 war die mechanische Zeit und die Gewöhnung der Städter daran soweit fortgeschritten, daß man nicht mehr nur nach Stunden, sondern in verfeinerter Form planen und rechnen wollte und mußte – daher wurden an den Turmuhren Minutenzeiger befestigt. Gemeindeuhren wurden angeschafft, die Zünfte legten sich zentrale Uhren zu und der Handel zeigte großes Interesse an der weiteren Verbesserung der Uhrenmechanik. Die »Zeit der Kirche«, so *Le Goff* (1984), wurde zur »Zeit der Geschäftsleute«, und das nicht nur im übertragenen Sinne. 1510 erfindet *Peter Henlein* die »Unruhe« mit Spirale. Um 1580 entdeckt *Galilei* die Pendelgesetze (Veröffentlichung erst 1632) und 1658 kombiniert *Huyghens* das Vertikalpen-

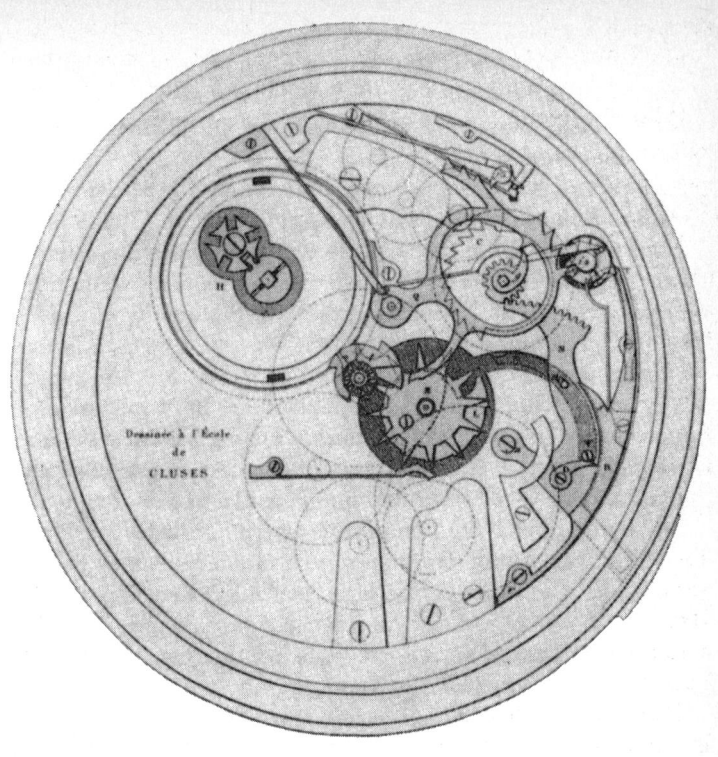

del, später die Spiralfeder mit der Räderuhr. Die Uhr mit Federwerk ermöglicht das Seechronometer, das für eine exakte Navigation notwendig ist.

Eine weitere Sensibilisierung des Zeitempfindens – auch für kleinste Teile – bringt die Erfindung und die Einführung des Sekundenzeigers (17. Jahrhundert). Kaufleute, Staatsmänner und Militärs förderten die Verfeinerung des mechanischen Instrumentes »Uhr« entscheidend, primär aus ihren Interessen heraus, Planung und Kontrolle zu optimieren. Es wird »fort-geschritten«. Die Zeit wird zunehmend unabhängiger und distanzierter von den Inhalten des Lebens und der Erfahrung. Sie wird zerteilt und zerstückelt – und damit ökonomisch besser nutzbar. Natürliche Rhythmen als Bezugspunkt werden vom *Zeittakt* abgelöst. An die Ursprünge der Zeitrechnung im kultischen Bereich erinnert nur mehr wenig.

Einmal noch, 1582 anläßlich der Gregorianischen Kalenderreform (der Name stammt vom Papst *Gregor XIII.*), wird die Herkunft deutlich. Da die Berechnung des Ostertermines zunehmend problematisch wurde, mußten Veränderungen am Julianischen System vorgenommen werden.

Mitte des 16. Jahrhunderts entwickelte sich das Uhrmacherhandwerk, ein Handwerk, das zunächst maßgeblich auf die Wünsche der Fürstenhöfe (und deren Bedürfnisse nach Zeit-»Vertreib«) ausgerichtet war. Raffinierte Spieluhren, mit Gold- und Edelsteinen überhäuft, oftmals auch als Gastgeschenk bei Reisen für ausländische Höfe mitgebracht (am bekanntesten sind die Uhrengeschenke der Jesuiten an den chinesischen Hof), zeigen etwas von dem Stolz, der mit der Erfindung und Entwicklung dieses Instrumentes verbunden war. »Zeit« wurde geschmückt. Die Verzierungen an den Uhren bestanden vielfach aus Symbolen des »Zeitlaufes«, ein (letztes) Erinnern und Festhalten am Gegenständlichen, das in der abstrakten Mechanik des Zeitmessens verlorengegangen war. Solche Uhren waren den Zeitgenossen offenbar Sinnbilder der Stetigkeit und der Harmonie, die die Menschen zu erzielen fähig waren. So lag es denn auch nahe, die Uhr und deren steten Lauf als symbolisches Vorbild für die politische und die soziale Ordnung der gesamten Gesellschaft herzunehmen.

»ein fürst ist des landes uhr, jedes richt sich nach dem selben in wercken als wie nach der uhr in geschäfften.« So *Christoph Lehmann* 1639 (zit. nach *Maurice* 1979, S. 18). Der absolutistisch geführte Staat hatte in der Uhr Vorbild und Symbol gefunden. In *Friedrichs (II.)* eigenen Worten:

Ein Corpus vollkommener Gesetze wäre das Meisterwerk des menschlichen Geistes hinsichtlich der Regierungspolitik: Man würde darin eine Einheit des Entwurfes und so genauer und wohlproportionierter Regeln finden, daß ein von diesen Regeln geleiteter Staat einer Uhr ähnlich sein würde, deren sämtliche Triebfedern für einunddenselben Zweck angefertigt wurden; (...) alles wäre vorhergesehen, alles wäre einander zugeordnet, und nichts würde Unannehmlichkeiten ausgesetzt sein (...) So wie alle Federn einer Uhr zum gleichen Ziele beitragen, nämlich dem der Zeitmessung, ebenso sollten alle Federn der Regierung so angebracht sein, daß all die verschiedenen Teile der Verwaltung gleichermaßen zum höchsten Wohle des Staates zusammenwirken.

(Zit. nach *Mayr* 1980, S. 8)

Verständlich ist, daß die Uhr das beliebteste Geschenk am Hofe war. So barock wie die Herrscher, so auch ihre Uhren. *Maurice/ Mayr* beschreiben den politisch zentralen Hintergrund für den Erfolg der Uhr im 16./17. Jahrhundert.

Die Uhr bildete zur politischen Wirklichkeit mit der zusammenbrechenden Staats- und Gesellschaftsordnung des Mittelalters, zu den von der Reformation verursachten Religionskriegen, zu der Vielfalt aufrührerischer, neuer Ideen und den dadurch ausgelösten sozialen Unruhen den denkbar stärksten Kontrast. Die Uhr verkörperte, was die Wirklichkeit nicht enthielt: Sie war Demonstration einer zentral organisierten, unabänderlich funktionierenden rationalen Ordnung. Man begann, das Weltbild nach dem Vorbild der Uhr zu formen und sich die drei wesentlichen Systeme, in denen der Mensch sein Leben verbringt, nämlich Kosmos, Körper und Staat, als Uhrwerke vorzustellen. Das Verhältnis zwischen Gott und Schöpfung wurde dem zwischen Uhrmacher und Uhr vergleichbar, die Harmonie der Welt wurde erklärt durch die Gesetzlichkeit der Uhr. (1980, S. XV)

Am 5. 10. 1793 erließ der Nationalkonvent auf dem Höhepunkt der Französischen Revolution ein Gesetz, das die Zeitrechnung völlig neu ordnete. Der 22. September wurde zum Neujahrstag; die Zeitrechnung wurde von ihrem christlichen Bezugspunkt gelöst. Die zwölf Monate des Jahres erhielten Namen, die sich an den jahreszeitlichen Rhythmen der Natur orientierten (z. B. Weinlesemonat, Nebelmonat usw.), die Woche wurde zugunsten von Dekaden (10 Tagen) abgeschafft, der Tag zählte 10 statt 24 Stunden und jede Stunde 100 statt 60 Minuten. Antichristlicher Affekt und manische Besessenheit vom Dezimalsystem waren wohl die Auslöser dafür.

Die Radikalität der Veränderung ließ diese revolutionäre Zeitrechnung bereits nach zwölf Jahren scheitern (nicht unabhängig vom Scheitern anderer revolutionärer Veränderungen). *Napoleon* führte am 1. 1. 1806 den Gregorianischen Kalender wieder ein. (*Mussolini* hatte mit seiner »revolutionären« Neuregelung des Kalenders ebensowenig Glück.)

Ende des 18. Jahrhunderts begannen überall in Europa die Anstrengungen, die unterschiedlichsten Ortszeiten (jede Stadt hatte »ihre Zeit«) zu koordinieren. U. a. machten die Postkutschen und deren regelmäßiger Verkehr dies auch notwendig.

Länge Null für die Königin der Weltmeere

Vor 100 Jahren einigte man sich auf die Greenwich Mean Time
als Ausgangspunkt der Zeitzonen

London (dpa)

Der Londoner Vorort Greenwich, der noch ganz den Charakter einer hübschen Kleinstadt trägt, feiert ein eigentümliches 100jähriges Jubiläum: das der einheitlichen Weltzeit, der Greenwich Mean Time oder abgekürzt GMT. Kaum ein anderer so kleiner Ort ist auf allen Kontinenten so in aller Munde. Deswegen feiern sie in Greenwich auch fast ein ganzes Jahr. Sie beginnen jetzt schon, obwohl der eigentliche „Jahrestag" erst im Oktober ansteht. Vor 100 Jahren hatte eine internationale Zeit-Konferenz in Washington den Beschluß gefaßt, „daß der Meridian, der durch das Zentrum des Transit-Instruments im Observatorium von Greenwich läuft, als Ursprungs-Meridian für die Längengrade angenommen wird".

Damit war der Null-Meridian festgelegt, von dem aus alle anderen als östlich oder westlich von Greenwich gezählt werden. Gleichzeitig gab es damit die einheitliche Zeit, von der aus die Zeitzonen auf der Erde bestimmt werden. Die Seefahrer benutzen GMT, ebenso wie die Flugzeugführer und die Astronauten. Auch im internationalen Nachrichten- und Funkverkehr ist die Orientierung an GMT die einzige Möglichkeit, Verwirrung oder ein völliges Durcheinander zwischen den Zeitzonen auszuschließen.

Dabei war die Wahl von Greenwich in Washington durchaus nicht selbstverständlich: Der Null-Meridian könnte überall liegen und wurde willkürlich festgesetzt. Bis zur Konferenz hatten viele Staaten eigene weltweite Seekarten und darin als Null-Meridian den Längengrad betrachtet, der beispielsweise durch das Zentrum ihrer Hauptstadt lief. Für Greenwich sprach, daß das Königliche Observatorium dort im Jahr 167.. von Charles II. mit dem ausdrücklichen Auftrag gegründet worden war, „die so sehr ersehnte Längenbestimmung von Orten zu finden, um die Kunst der Navigation zu vervollkommnen".

Der Beschluß war auch eine Verneigung vor Großbritannien als führender maritimer Macht der Welt. Die meisten Kapitäne benutzten schon vorher Karten mit dem Greenwich-Null-Meridian. In den Vereinigten Staaten war das Zeitzonensystem nach den Entfernungen von Greenwich festgelegt, und die meisten in der Konferenz vertretenen Nationen wollten die Konfusion der mehr als zwölf gebräuchlichen Meridian-Systeme endlich loswerden. Aus heute nicht mehr zu klärenden Gründen stimmte nur die Dominikanische Republik auf der Karibik-Insel Haiti gegen den Beschluß, Frankreich und Brasilien enthielten sich.

Süddeutsche Zeitung

54

In England wurden erstmals in Europa die unterschiedlichen »Ortszeiten« der Städte (von der Post) koordiniert, und zwar ausgerichtet an der Zeit des königlichen Observatoriums in Greenwich. GMT (Greenwich Mean Time) wurde in England und 1884 auf der internationalen Meridian-Konferenz in Washington für die gesamte industrialisierte Welt zentraler Bezugspunkt der (»Zeit«-) Abstimmung. Das in immensen Ausmaßen wachsende Eisenbahnnetz und der damit verbundene Reise- und Transportverkehr stellte weitere internationale Koordinationsaufgaben. Schneller als die Zollschranken fielen die Schranken der Zeit. Seit 1906 werden über Funk Zeitsignale ausgesendet, die die sog. Normaluhren in allen Ländern dieser Welt aufeinander abstimmen. Die Uhren trägt man seit Anfang des Jahrhunderts nicht mehr in der Tasche, sondern, um Zeit beim Nachschauen zu sparen, am Arm. »Zeit« wird somit permanent verfügbar. Sie kann, da der Blick immer wieder auf sie fällt, nie vergessen werden. Wer aber nicht durch seinen Blick auf die Uhr gemahnt wird, der wird es inzwischen durch einen hörbaren Ton, damit auch jener sich sicher fühlen kann, der dazu neigt, »die Zeit aus dem Auge zu verlieren«. Der wohlklingende öffentliche Glockenschlag ist zum massenhaft privatisierten Piepsen verkommen. Aus der Bewegung des gleichmäßig vorrückenden Zeigers ist die zerhackte Form digitaler Anzeige geworden. Die Ereignislosigkeit und Inhaltsleere der Zeit wird durch solche Geräusche nicht aufgehoben, die Mahnung, stets an die Zeit zu denken, durch die »Demokratisierung« der Uhr intensiviert.

Die Erfindung der Quarzuhr und der Schritt zur Atomuhr hat uns in diesem Jahrhundert dann schließlich auch von einer noch verstehbaren Mechanik weggebracht. Die Genauigkeit der Uhren wird auf tausend Jahre hin garantiert (wer soll das kontrollieren?), und sie verspricht Präzision auf die Millionstelsekunde. Zeit wird unsichtbar und letztlich unvorstellbar. Das Innere der Uhr ist so abstrakt wie die Zeit, die sie mißt. Die Unruhe ist aus der Uhr ins Leben geflüchtet.

Mit der Atomuhr ist ein entscheidender Schritt gemacht, indem eine atomare Frequenz, das heißt die Energiedifferenz von zwei quanten-mechanischen Zuständen, als Zeitnormal erschlossen wurde, ein nun fundamentales Normal, das völlig unbeeinflußt an jedem Ort im Weltall reproduziert werden könnte, ganz im Gegensatz zu einem menschengemachten Normalmeter. Als Beispiel eines solchen Überganges in der atomaren Chronometrie sei der Wasserstoffmaser erwähnt, bei dem die Hyperfeinwechselwirkung zwischen Proton- und Elektronspin im Wasserstoffatom zu einer der modernen Elektronik zugänglichen, das heißt im Prinzip zählbaren, Frequenz führt (1420 MHz). Die Genauigkeiten haben heute 10^{-13} erreicht.

(Blaser 1983, S. 59)

Das Leben (d.h. die Menschen) verändert die Uhren, die Uhren verändern das Leben.

Weltweite Geschäfte brauchen die Weltzeit. Nicht zu vergessen jedoch ist, daß die Geschichte der Uhr eine abendländische Geschichte ist – und das Zeitrechnungssystem, das inzwischen für beinahe die gesamte Welt gilt, auch ein abendländisch-spezielles ist (»Zeitimperialismus« könnte man das nennen). *Lewis Mumford* (1934) sieht daher die Uhr, nicht die Dampfmaschine als das wichtigste Instrument der industriellen Moderne. Es stimmt schon, was die Firma Digital Equipment in ihrer Werbung dem Zeitungsleser verspricht: »We change the way the the world thinks«. Digital verwandelt die Welt – in eine digitale Welt.

»Eins, zwei drei im Sauseschritt«[*]

Trotz aller Nachteile, trotz aller Verluste, die uns das lineare Zeitverständnis und dessen Anwendung im Alltagsleben brachte, so sind doch die Errungenschaften für unsere Zivilisation und unsere Kultur offensichtlich.

Erst das lineare Zeitverständnis hat die Möglichkeiten aufgezeigt und die Fähigkeiten freigesetzt, gesellschaftliche Entwicklung als von Menschen gemachten »Fortschritt« zu begreifen. Die weitgehende Lösung von überirdischen und natürlichen Einflüssen und Begrenzungen hat uns unabhängiger gemacht und abhängiger von den *eigenen* Fähigkeiten, zu planen, zu berechnen, zu prognostizieren. Freiräume und Freiheitsmöglichkeiten wurden damit sichtbar und gestaltbar, die für frühere Generationen undenkbar, unvorstellbar und auch unlebbar waren. Frei sind wir (bzw. können uns weitgehend so fühlen) von plötzlicher Not, von regelmäßigen Naturkatastrophen und von den Gefahren des Unvorhergesehenen. Wir haben den Zufall weitgehend unter Kontrolle. Die Entwicklung des linearen Zeitbegriffs, dies hat speziell *Elias* (1982) deutlich gemacht, ist gekoppelt mit einer Zunahme von gesellschaftlicher und individueller Autonomie.

Aber nicht nur die Entwicklung der Rationalität im Hinblick auf die Natur um uns und in uns ist mit dem linearen Zeitverständnis eng verknüpft, auch die Koordination unseres individuellen, sozialen und politischen Handelns. Spätestens dann, wenn man auf die präzise Abstimmung von Zugverbindungen bei einer längeren Reise angewiesen ist, erfährt man dies. Ereignisse sind über die abstrakten Skalen der Uhr vergleichbar, so daß die absichtsvolle Koordination und Synchronisation von Aktivitäten möglich wird. Davon hängt der Differenzierungsgrad unserer Gesellschaft in entscheidendem Maße ab. Das lineare Zeitverständnis ist der wichtigste Ordnungsfaktor der Koordination gesellschaftlicher Subsysteme und *das* notwendige strukturierende Prinzip sozialen Handelns in und zwischen diesen. Ohne Termine sind Verbindlichkeiten nicht möglich, und ohne sie ist unsere Gesellschaft nicht vorstellbar. Nur noch als scherzhafte Bemerkung überdauert die Antwort eines österreichischen Bahnbeamten auf die Frage eines

[*] ... »Eilt die Zeit, wir eilen mit« *(Wilhelm Busch)*

stark linear zeitorientierten deutschen Urlaubers, wann denn der Zug endlich ankäme: »So um viere kommt er gern.«

Wir können aber heute, ebensowenig wie wir auf die Errungenschaft des linearen Zeitverständnisses verzichten wollen (und können), darüber hinwegsehen, daß uns eine darauf aufbauende Lebensform auch Nachteile bringt. Die Zeitökonomie ist theoretisch wie praktisch nicht mehr unbestritten. Immer mehr Argumente und Erfahrungen bestätigen die Auffassung der »alten Griechen«, daß die gerade Linie das gefährlichste aller Labyrinthe sei.

An sozialen, politischen und individuellen Protesten (lauten und leisen) wird hörbar und sichtbar, daß jene Freiheiten, die wir in unserer Zivilisation erreicht haben, nicht ohne Freiheitsberaubung (für manche mehr, für manche weniger) errungen wurden. Die Möglichkeiten von Planung stoßen sichtbar und spürbar an Grenzen, besonders dort, wo das, was ehemals als Schritt zur Unabhängigkeit gegenüber der äußeren Natur gedacht war, zur Knebelung innerer Natur wurde.

Nicht mehr in der vorgegebenen Natur, vielmehr in den selbstgeschaffenen Symbolen gilt es sich heutzutage zurechtzufinden. Dies aber zeigt auch den Verlust und die Gefahren auf, die mit unserem quantitativen, situations- und erfahrungsunabhängigen Zeitbegriff verbunden sind. Kontrollen der äußeren und inneren Natur sind, so scheint es, an einen kritischen Punkt angelangt, dort wo die Manipulationen am eigenen Körper, an der Natur um uns herum, nicht mehr nur als Befreiung, sondern auch als Belastung erlebt werden. An die Stelle der von der Natur vorgegebenen Zwänge ist nicht etwa immer die Freiheit, sondern allzuoft die Einschränkung durch die vom Menschen gemachten Symbole getreten.

Der Gewinn an Macht durch die auf dem linearen Zeitverständnis basierende Ausbreitung der Zweckrationalität ist auch erkauft durch Entfremdung von dem, worüber Macht gewonnen wurde und worüber sie dann ausgeübt wird. Es ist nur eine halbe Rationalität. Auf diesen Aspekt bezogen hat *Habermas* in seiner »Theorie des kommunikativen Handelns« (1981) die Moderne als unvollendetes Projekt begriffen. Zweckrationalität, so argumentiert er dort, beherrscht die modernen Gesellschaftsnormen; sie hat sich jedoch zu Lasten kommunikativer Rationalität ausgebreitet. Planung ist leichter geworden, Verständigung schwerer. Die Lebensräume werden enger, kälter und schematischer. Der Verstand, der sich auf den Lauf des Uhrzeigers richtet, und dessen Präzisierung betreibt, ist nicht immer mit vernünftigem Handeln identisch. Das Leben ist zum kalkulierbaren Risiko, zum machbaren Heil geworden. Unsere Welt ist eine Welt der Ingenieure und Techniker geworden.

>>Keine Atempause,
Geschichte wird gemacht.
Es geht voran.<<

(*Fehlfarben*, Düsseldorf 1980)

Mit sogenannten »Spätfolgen« und »Kompensationshandlungen« wird erkauft, daß der biologisch-psychische Rhythmus des Menschen der quantitativen Zeit angepaßt wird. Die immer lauter geäußerten Klagen über die Richtungs- und Sinnlosigkeit des menschlichen Lebens haben hier ihre Ursachen; und das »no future« der Jugendlichen ist eine verständliche Reaktion hierauf. »Plant uns bloß nicht bei euch ein«, so der warnende Protest gegen eine kontinuierliche und rational konzipierte Gesellschaft und deren Fortschritt, der letztlich zum Selbstzweck geworden ist. Aber auch viele Erwachsene spüren, nicht zuletzt an ihrer eigenen Ohnmacht und durch sie, daß der kalkulatorische Umgang mit der Zeit eben ein kalkulatorischer Umgang mit dem Menschen ist, mit sich und mit anderen gleichermaßen. Leben aber ist mehr als das, was planbar, erwartbar, berechenbar ist. *Max Frisch* spricht von »verdünnter Zeit«, in der die hastige Tätigkeit an die Stelle des Erlebnisses tritt. Im »Homo faber« sieht er die auf dem linearen Zeitverständnis basierende Technik und das Tempo, »als Kniff, die Welt so einzurichten, daß wir sie nicht erleben müssen«.

Erfahrungen werden immer weniger gemacht, es sei denn die Erfahrungen, die mit dem Messen, dem Kalkulieren zusammenhängen. Letztlich ist dies die Erfahrung der Erfahrungslosigkeit. Mit zunehmender Beschleunigung werden auch die Erfahrungen immer flüchtiger, die Gegenwart wird immer schneller zur Vergangenheit, Zukunft ist fast schon Gegenwart. Wo aber bleibt das, was wir mit »Glück« bezeichnen, und wo »der Glückliche«, dem keine Stunde schlägt?

Uhr eines unbekannten deutschen Uhrmachers, die durch
ihr eigenes Gewicht angetrieben
wird. Aufgezogen wird sie, indem man die Uhr an der Zahn-
stange hochschiebt.

Drittes Kapitel

»Alles wiederholt sich, nichts kehrt uns wieder«

Erwacht, ihr Schläfer drinnen

Kanon zu 3 Stimmen

Melodie: Giacomo G. Ferrari (1763–1842)

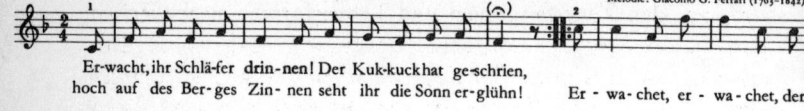

Er-wacht, ihr Schlä-fer drin-nen! Der Kuk-kuck hat ge-schrien,
hoch auf des Ber-ges Zin-nen seht ihr die Sonn er-glühn! Er - wa - chet, er - wa - chet, der

Kuk-kuck ru - fet laut. Kuk-kuck, Kuk- kuck, Kuk-kuck, Kuk-kuck.

Der Lauf der Zeit als Wiederkehr

Der Sprachgebrauch des Alltags – so meine These – weist auf zwei unterschiedliche Arten von Zeiterfahrung hin. Bisher habe ich versucht, den Zeiterfahrungen und Lebensformen nachzugehen, denen die lineare Zeit zugrunde liegt. Lineare Zeit ist Produkt unseres aktiv-instrumentellen Zugriffs, sie ist *Objekt* unseres Handelns. Die andere Art, Zeit zu erfahren und entsprechende Lebensformen zu finden, ist, sie als *Subjekt* zu sehen, als Kraft, die das menschliche Leben und das der gesamten belebten und unbelebten Natur maßgeblich bestimmt. Sprachlichen Ausdruck findet dieses Erfahrungs- und Verarbeitungsmodell in Wendungen wie »die Zeit verstreicht«, »sie nagt«, »sie drängt«, »sie verbindet«, »sie gebiert«, »sie erneuert«, »sie läßt sterben« usw. Wie der aktiv-instrumentelle Sprachgebrauch hat dieser, dies wiederhole ich hier lediglich, die Tendenz zur Verschleierung; wir stellen damit »Zeit« als von uns losgelöstes Etwas hin und vergessen, daß wir mit Redewendungen der einen oder der anderen Art lediglich unser Verhältnis zu Ereignissen thematisieren.

Wenn wir »Zeit« als Subjekt betrachten, erscheinen wir als ihre Objekte, und zwar in einem ursprünglichen Sinn. Auch das instrumentelle Verhältnis zur Zeit hat letztlich dazu geführt, daß der Mensch sich als ihr Objekt fühlen muß; allerdings ist dieses Resultat dem sich als aktiv verstehenden und handelnden Menschen selbst zu verdanken. Erscheint »Zeit« als Subjekt, dann ist das Zeiterleben an natürliche psycho-physische sowie soziale Bedingungen und Prozesse geknüpft. Genau dies wird in der Sprache durch Verben wie »nagen«, »gebären«, »sterben lassen«, »trennen« ausgedrückt. Die Zeit wird nicht beherrscht, sondern intensiv erlebt. Sie bestimmt die Erfahrungen des Menschen, öffnet ihm aber auch neue Erfahrungshorizonte. Sie läßt ihn Leid, Glück, Freude, Trauer erfahren und erleben. – Der Wunsch, Zeit zum Objekt zu machen, entsteht hingegen gerade deshalb, weil man Zufälle und Schwankungen des Lebens, ökonomische wie persönliche, eliminieren will. – Im

Extrem wird Zeit als »Schicksal« erlebt, als von einer transzendenten Macht gesteuerter Naturprozeß, in dem die Menschen leben und dessen Teil sie sind.

In unserem Alltag – gesprochen oder gesungen – drücken wir dieses Zeiterleben nicht generell, sondern ganz speziell, bezogen auf einzelne Zeitelemente, wie Jahreszeiten, Tageszeiten, so aus: »Nun will der Lenz uns grüßen«, »Der Winter ist ein rechter Mann«, »Morgenstund hat Gold im Mund«, und in München dürfen die Weißwürste das Zwölfuhr-Läuten nicht hören.

Ist das Symbol für eine am Fortschritt orientierte Gesellschaft und deren Zeitverständnis die aufsteigende *unendliche Linie,* so sind hier die regelmäßig wiederkehrenden Zyklen der Jahreszeiten, der Rhythmus von Tag und Nacht, Ebbe und Flut, von Wachsen und Vergehen, von Geburt und Tod Ausgangs- und Bezugspunkt der Metaphern. Für diese Abfolge natürlicher Makro- und Mikrozyklen sind der *Kreis* (das stärker die Statik betonende) und die *Spirale* (das mehr die Dynamik symbolisierende) Zeichen.*

Die sozial geregelte Wiederholung von Handlungen und die regelmäßige Wiederkehr natürlicher Ereignisse im Menschen und um ihn herum, die Zyklen, bestimmen dieses Zeitverständnis – und in enger Verknüpfung damit – das menschliche Alltagshandeln.

Rammstedt nennt ein Zeitbewußtsein *zyklisch,* »das vom Messen kontinuierlich wiederkehrender gleicher Bewegungen auf den kreisförmigen Verlauf aller Bewegungen schließt. Im zyklischen Bewegungsablauf fallen zwar Vergangenheit und Zukunft nicht zusammen; jedoch kann auf eine grundsätzliche Unterscheidung verzichtet werden; das, was vergangen war, kommt wieder, und das, was kommen wird, war schon einmal« (1975, S. 51/52). Auch *H. Lefebvre* charakterisiert die zyklische Zeitvorstellung inhaltlich:

Die zyklischen Zeiten tauchen unmittelbar in die Rhythmen der Natur, in die kosmischen Zeiten ein. Lange Zeit haben sie das Leben der Menschen regiert: Der gesellschaftliche Mensch beherrschte noch nicht die Natur, d. h. er hatte sich noch nicht von ihr gelöst. Sein Leben bestand in einem Zusammenhang von Zyklen und

---

* Für philosophiegeschichtlich Interessierte: Es war primär *Vico* (1668 bis 1744), der Gründer der modernen Geschichtsphilosophie, der die spiralförmige Entwicklung als Denkmodell ins abendländisch wissenschaftliche Denken einbrachte.

Rhythmen (...) von der Geburt bis zum Tode. Die regelmäßige Wiederkehr der Stunden, Tage, Wochen, Monate, Jahreszeiten und Jahre skandierte ein organisch mit der Natur verbundenes Dasein.

(1975, Bd. II, S. 55 f.)

Das Erlebnis, die Erfahrung von Zeit durch Individuen, durch Gesellschaften und durch die Generationen hindurch gibt die zeitliche Orientierung im Lebenslauf ab: »Es begab sich aber, in jenen Tagen erging ein Erlaß des Kaisers Augustus, den ganzen Erdkreis aufzeichnen zu lassen. Diese Aufzeichnung war die erste und geschah, als Quirinius Statthalter von Syrien war« *(Lukas 2)*.

Der Rhythmus bekommt durch Erfahrungen und Erlebnisse konkrete Gestalt, ist mit ihnen verbunden und durch sie gekennzeichnet. Es ist z. B. die konkrete Erfahrung mit der Regentschaft des Kaiser Augustus und des Landpflegers Cyrenius, durch den der Zeitpunkt von Christi Geburt markiert wird, nicht die Inhaltslosigkeit einer Jahreszahl. Die immer wiederkehrende Regentschaft ist der generelle Bezugspunkt, die konkrete Ausprägung durch die Personen Augustus und Cyrenius dient der speziellen Zeitbestimmung. Beides, das Besondere innerhalb der generellen Wiederholung, macht die Orientierung in der Zeit möglich. Entsprechend den Unterschieden in den Symbolen von Kreis und Spirale läßt sich ein mehr zyklisch-statisches Zeitverständnis von einem eher dynamischen unterscheiden.*

Die in sich zurückkehrende Kreislinie als Zeichen der periodisch gleichen Wiederkehr von Ereignissen, in denen sich Erfahrungsinhalte in identischer Art und Weise wiederholen, kennzeichnen das mehr statische Modell. Der Lauf der Uhr, die kreisenden Zeiger, sind dafür die abstrakte Symbolik. »Alles kehrt wieder«, ist die Lebensauffassung dieses Musters: »Was gewesen ist, das Gleiche wird sein, und was geschehen ist, das Gleiche wird geschehen, und es geschieht nichts Neues unter der Sonne« *(Prediger I)*.

Nun aber ist der Kreislauf von Blühen und Welken, von Tag und Nacht, von Frühling, Sommer, Herbst und Winter, von Regenzeit

---

* Man lese auch *Matthäus* 1,1–1,7, »Der Stammbaum Jesu«. Christus wird als Erbe der Verheißungen und als »Sohn Davids« und »Sohn Abrahams« herausgestellt. Außerdem findet sich hier die eigenartige Zeitangabe der *3 × 14 Generationen* (3 × 2 × 7) seit Abraham, wobei die Generationen an den wichtigen Personen und Daten der jüdischen Geschichte festgemacht sind.

und Trockenheit, von Geburt und Tod (deutlich zum Ausdruck bringt dies die verloren gegangene ländliche Sitte, das Hochzeitskleid auch als Totengewand wieder zu benutzen) nicht nur ein Voran und Zurück. Die Wiederkehr ist keine Wiederholung des Identischen – sie ist kein endloses Fließband, auf dem die gleichen Produkte im maschinell geprägten Takt vorbeikommen und die immer gleichen Handgriffe erfordern.

Dies wäre nur Eintönigkeit. Eintönigkeit ist es aber nicht, was wir erleben, wenn sich in jedem Jahr Frühjahr, Sommer, Herbst und Winter von neuem einstellen. Die Natur um uns herum und in uns verändert sich. Geburt und Tod wiederholen sich zwar permanent; die konkreten Menschen, die in diesen Kreislauf eintreten, unterscheiden sich jedoch voneinander. Die Wiederkehr bringt neue Inhalte mit sich. Sie ist in dieser zyklisch-dynamischen Sichtweise nicht nur das, was schon war. »Alles wiederholt sich, nichts kehrt uns wieder«, so *Max Frischs* treffende Formulierung (zit. nach *Dahms* 1976, S. 60) dafür, daß das Ende sich zum Anfang zurückwendet.

R. Barthes drückt seinen Wunsch, die erste Begegnung mit einer geliebten Person wieder neu zu erleben, so aus: »Ich will ihre Wiederkehr, nicht ihre Wiederholung« (1984, S. 57). Fixpunkt ist die glückliche Begegnung, nicht die Umstände der Begegnung sollen dieselben sein; vielmehr sollen neue Momente und Möglichkeiten der Beziehung verwirklicht werden können. Vielleicht ist dies ein Sinnbild für den *Fortschritt*, der sich nicht im »immer Mehr«, »immer größer«, »immer stärker« usw. erschöpft.

Das Zeitverständnis der zyklischen Erneuerung der Welt hat seine Geschichte, die über lange Zeit hinweg durch ein konkurrierendes Verhältnis zum linearen Zeitverständnis gekennzeichnet war. Heute jedoch ist der schon lange ungleiche Kampf entschieden. Wer sich in seinem Alltag nach der Natur und dem gestirnten Himmel ausrichtet, der gilt als Sonderling, häufig als Aussteiger – Aussteiger aus einer auf Linearität hin organisierten Gesellschaft.

Bis zum Beginn der Renaissance hat das durch den Kreis bzw. die Spirale symbolisierte Zeitmodell maßgeblich die sozialen Strukturen und die individuellen und gesellschaftlichen Handlungen in Mitteleuropa beeinflußt. Noch bis heute herrscht es in jenen Kulturen vor, die, wie damals die mitteleuropäischen, durch Ackerbau und Viehzucht in ihrer Arbeit mit der Natur verbunden sind.

Aber es gibt auch noch in unseren Lebensbereichen deutliche Anzeichen für einen gelebten Bezug zu den irdischen und auch den überirdischen Perioden und Rhythmen. In dem in Bayern noch üblichen Begriff des »Tagwerks« als eines Maßes für die bäuerliche Arbeitsleistung und als Maßstab der zu bearbeitenden Fläche gleichermaßen ist dieser ebenso enthalten wie in den abnehmenden ländlichen Bräuchen und Festen. Im englischen Ausdruck »journey« für die Reise wird jene Wegstrecke benannt, die man an einem Tag zurücklegen kann. Eine kurze Zeiteinheit nennen wir in unserem Sprachgebrauch immer noch einen »Augen-Blick«. In allen diesen Begriffen drückt sich, nur noch bei sehr genauem Hinsehen, der qualitative Charakter der Beziehung zur Natur und zu den Perioden dieser Natur aus.

Jedoch nicht nur die Sprache transportiert auch noch Reste des zyklischen Zeitverständnisses. Einzelne Arbeits- und Lebensbereiche sind in unserer heutigen Gesellschaft immer noch so organisiert, daß innere und äußere Natur und deren Veränderungen den Umgang in und mit der Zeit bestimmen. Dies ist, trotz aller Technisierung, der bäuerliche Arbeitsbereich sowie der Lebensbereich Haushalt und Familie. Gerade da ist die Gleichung »Zeit ist Geld« weitgehend außer Kraft gesetzt. Aber auch das Produktionssystem kann noch nicht ganz als von Naturzyklen losgelöst gelten. Die Angestellten der Bundesanstalt für Arbeit z. B. investieren sehr viel Energie, um die Jahreszeiten und deren Einflüsse auf die Arbeitslosenzahlen wieder herauszubekommen. »Saisonbereinigt« sieht eben alles anders aus.

Und auch der Kirche ist das Gefühl für den Bezug zur Natur noch nicht ganz abhanden gekommen:

Weihwasser eingefroren

Im Kölner Dom ist das Weihwasser eingefroren. Angesichts der klirrenden Kälte in dem Kirchenbau sollen jetzt die Prediger einen Rat des inzwischen pensionierten Dompfarrers Wilhelm Kleff beherzigen: „bei weniger als vier Grad über Null kürzer zu predigen", berichtete die Pressestelle des Erzbistums.

(Süddeutsche Zeitung)

Es dokumentiert sich in diesen und vielen anderen zeitlichen Alltagsbezügen eine affektive Bindung des Menschen an Naturvorgänge. Nicht *die* Zeit gab es, immer waren es bestimmte Zeiten mit ihren Besonderheiten. Jeder Tag war der Festtag eines Heiligen und damit ein spezieller Tag: Es geschah eben am Valentinstag und nicht etwa am 14. Februar – und die Folgen dieses Geschehens tragen häufig auch diesen Namen und erinnern somit, wenigstens eine Generation lang, ans Geschehene. »Kartoffelferien« hießen bis zur Mitte des Jahrhunderts die Schulferien im Herbst, weil sie eben in der Zeit der Kartoffelernte lagen und an ihr ausgerichtet waren (nicht zuletzt, um die Schüler bei der Ernte einzusetzen). Wieviel profaner ist dagegen eine Sommerferieneinteilung heute, die sich nicht mehr am Wetter und an den Erntezeiten, sondern an den Belastungen unseres Schnellstraßennetzes und an jener der Hotellerie in den Ferienorten ausrichtet.

Die enge Verbindung von sozialer Zeitstruktur mit kosmischen und irdischen Periodizitäten war auch, da sie eben die Natur als Grundlage hatte, mit der *inneren* Natur des Menschen und deren Regelmäßigkeiten verknüpft. Indem man die Zeitsequenzen äußerer, überirdischer und irdischer natürlicher Prozesse akzeptierte, wurde auch jener Teil Natur mit anerkannt, der der Mensch selbst ist.

Mit den Hühnern ging man schlafen und stand auch beim ersten Hahnenschrei wieder auf. Man versuchte nicht, wie heute mit Hilfe von künstlichem Licht, den Schlaf der Hühner zu reduzieren, um ihnen vielleicht anstatt einem zwei Eier abzuringen; man orientierte sich an den Hühnern und auch am eigenen Körper.

Das Jahr hatte früher noch Jahreszeiten und der Frühling fing nicht, wie wir in unserem Genauigkeitswahn heute von den Medien informiert werden, am 20. März um 11.35 Uhr MEZ an, sondern dann, wenn man es sieht und wenn man es merkt: »Der Mai ist gekommen, die Bäume schlagen aus«!

Zeitbewußtsein, Erfahrungen in der Zeit und Zeiterfahrung sind hier konkret dezentral, sozial und situativ unterschiedlich, da sie an dem Maßstab äußerer und innerer Natur festgemacht sind. Ungleichheiten, Besonderheiten, Mannigfaltigkeiten werden an qualitativen Kriterien orientiert. Sie werden akzeptiert und nicht – wie beim linearen Modell – der Vergleichbarkeit geopfert. Eine (Teil-)Subjektivierung von Zeit findet statt, u.a. um den Preis

»Ein jegliches hat seine Zeit, und alles Vornehmen unter dem Himmel hat seine Stunde.«

2. Geboren werden,
Sterben,
Pflanzen,
Ausrotten, das gepflanzt ist,
3. Würgen,
Heilen,
Brechen,
Bauen,
4. Weinen,
Lachen,
Klagen,
Tanzen,
5. Steine zerstreuen,
Steine sammeln,
Herzen,
Fernen von Herzen,
6. Suchen,
Verlieren,
Behalten,
Wegwerfen,
7. Zerreißen,
Zunähen,
Schweigen,
Reden,
8. Lieben,
Hassen,
Streit,
Friede,

} hat seine Zeit.

(Prediger 2, 3)

(wenn es einer ist) extremer Heterogenität und geringerer Vergleichbarkeit, also: um den Preis der Ungenauigkeit.

»Die Zeit verfliegt«, »die Zeit ist reif«, »alles hat seine Zeit«, dies sind die sprachlichen Ausdrucksformen dafür, daß Zeit nicht von ihren Inhalten losgelöst werden kann. *Herders* Metakritik an *Kant* betont dies: »Eigentlich hat jedes veränderliche Ding das Maß seiner Zeit an sich; keine zwei Dinge der Welt haben dasselbe Maß der Zeit (…) es gibt also (man kann es eigentlich und kühn sagen) im Universum zu einer Zeit unzählbar viele Zeiten«

(zit. nach *Koselleck* 1977, S. 281).

Zyklische Zeit ist erlebnis-, erfahrungsorientierte Zeit. Sie ist qualitativ, d.h. sie ist in ihrer Form identisch mit ihrem Erlebnisinhalt, ganz im Gegensatz zum linearen Zeitverständnis. Erleben und Erfahrung (das ist verarbeitetes Erleben, siehe dazu *Geißler/Kade* 1982) bestimmt die Ordnung der Zeit und damit maßgeblich die individuelle und die soziale Ordnung. Die Zeit wird darauf bezogen, sie wird diesbezüglich geordnet und geteilt. »Die Begriffe Zeit und Leben sind hier eins geworden«, so formuliert *Gurjewitsch* (1982, S. 101) in der Analyse des Weltbildes mittelalterlicher Menschen dort, wo er die engere Bindung des Begriffs »Zeit« mit dem Begriff des »organischen Lebens« herausarbeitet. Zeit ist so gesehen *die Ordnung der Pläne des Lebens*.

Die Verhältnisse zur Natur, die im zyklischen Zeitverständnis Zentrum des Erlebens sind, lassen sich in zweifacher Weise verdeutlichen. Erstens als Verhältnis des Subjekts zur äußeren, von ihm unterschiedenen Natur, von der es ja Teil ist. Zweitens als Verhältnis zur inneren, zur je eigenen Natur, zu den psycho-physischen Bedingungen und Abläufen menschlichen, und d.h. immer auch individuellen, Lebens.

Das Verhältnis zur äußeren Natur

Die geophysikalischen Zyklen unseres Erde-Sonne-Mond-Systems, die tägliche Rotation der Erde um ihre Achse (Tag/Nacht), die jährliche Wanderung um die Sonne (Jahreszeiten) und das monatliche Kreisen des Mondes um die Erde (Gezeiten) sind die wichtigsten Rhythmen, an denen Zeiterleben festgemacht wird.

Das Leben auf der Erde hat sich dieser kosmischen Ordnung

angepaßt – auch der Mensch lebt in und mit ihr. Heutzutage ist dies jedoch nur mehr wenig spürbar. Der Blick zum Himmel war früher ungetrübter und, da sich die Menschen auch bei ihrer Arbeit und bei ihren Reisen früher in weitaus größerem Maße unter freiem Himmel aufhielten, war ihr Naturerleben direkter. Ein Büroarbeitsplatz, eine Tätigkeit in der Fabrik, das Studium an einer Hochschule läßt die Orientierung an äußerer Natur kaum mehr zu, u. a. weil man die Fenster, wenn überhaupt vorhanden, nicht mehr öffnen kann.*

In den kontinuierlichen Sequenzen der Prozesse äußerer Natur ist die innere eingebettet. Zeit wird im Einklang mit den natürlichen Makrorhythmen erlebt, nachzulesen und vielleicht auch nachzuempfinden bei *Adalbert Stifter:* Im »Nachsommer« hat er das menschliche Zeitbewußtsein in enger Verflechtung mit dem natürlichen Zeitgeschehen geschildert. – Ein Indianer berichtet von den Gewohnheiten seines Stammes, Zeit zu ordnen *(Pelletier* 1983, S. 69): »Mein Volk hatte eine endlose Kette von Terminen einzuhalten, aber sie hielten sie ein, wie der Fluß fließt, nicht wie die Uhr tickt.«

Voraussetzung der Orientierung an äußerer Natur ist eine Integration in diese und damit auch Überschaubarkeit. Insofern ist ein solches Zeitverständnis »begrenzt«. »Begrenzt« ist auch die Lebensform, die ihm entspricht; eine Weisheit aus der Oberpfalz kündet davon: »D' Welt is' groß, und hinta Straubing soll's no' weitergeh'«.

Orientierung an innerer Natur

Auch was wir heute Biorhythmus nennen, innere Natur also, gibt Kriterien für die zeitliche Orientierung ab. Diese Mikrozyklen menschlicher Natur können in vielen Fällen dabei eng den periodischen Vorgängen in unserer Umwelt zugeordnet werden. Trotz tendenzieller zivilisatorischer Abkoppelung von der Natur sind der

---

* Eine gegenteilige Erfahrung: Mit einigen Manuskriptseiten im Gepäck wollte ich mit dem fahrplanmäßigen Schiff von einer der ostfriesischen Inseln wieder zurück aufs Festland; der seltene Fall, daß eben zu dieser Zeit, als das Schiff abfahren wollte, gleichzeitig Ebbe und Südwind war, machte eine Überfahrt wegen Niedrigwassers im Watt jedoch unmöglich.

Tag-Nacht-Rhythmus (wachsein-schlafen), die Periodik der Menstruation, periodisches Auftreten von psychischen und somatischen Krankheiten (die z.B. jahreszeitlich gehäuft vorkommen) Gegenstand der medizinisch-biologischen Forschung.*

Den Menschen unserer Zivilisation wird die endogene Rhythmik häufig nur im Störungsfall bewußt, wenn sie das, was wir »unsere Breiten« nennen, mit dem Flugzeug verlassen. Fliegen (nicht Flieger!), die man experimentell einmal wöchentlich mit sechs-stündiger Phasenverschiebung im Flugzeug reisen ließ, lebten nur 98 Tage; ihre stationären Artgenossen lebten 125 Tage (vgl. *Aschoff* 1983, S. 143). Gravierende Probleme durch fortgesetzte Nacht- und Schichtarbeit sind seit längerem erforscht und bekannt. Die reale Arbeitsbelastung jedoch ist diesen Komplikationen nur unzureichend angepaßt bzw. wird durch Lohnzuschläge »erträglicher« gemacht. Auch hier gilt, in einem etwas anderen Sinn, »Zeit ist Geld« – dazu mehr im Kapitel »Arbeitszeit«.

Die Zeit erhält in einer an Rhythmen orientierten Kontinuität einen spezifischen Inhalt. Der Begriff dieser Zeiterfahrung ist die *Dauer*. Schnell vergeht erfüllte Zeit, sie bleibt jedoch lange in der Erinnerung und erscheint auch rückwärtsblickend besonders lang. Warten hingegen dehnt die Zeit, in der Erinnerung jedoch schrumpft diese Zeitspanne. »Es ist mir Zeit lang um dich«, sagt in Tirol, wer nach einer anderen Person Sehnsucht hat. *Christian Morgenstern* hat dies in paradoxer Art und Weise durch die sensible Taschenuhr des Herrn Palmström zum Ausdruck gebracht:

Palmströms Uhr

Palmströms Uhr ist andrer Art,
reagiert mimosisch zart.

---

* Die Forschung wurde nicht zuletzt durch jene Komplikationen ausgelöst, die die Ignoranz dieser Rhythmik in unserer industrialisierten Welt mit sich brachte. 1952 (!) z.B. schreibt *W. Menzel* (S. 26): »Der Gedanke ist neu, das Phänomen »Rhythmik«, in der ganzen Welt verbreitet, zum Gegenstand einer exakten Forschung in der klinischen Medizin zu machen.« *Galilei* noch nahm bei seinen Untersuchungen, die zur Formulierung seiner Pendelgesetze führten, den Puls als Maßstab für seine Zeitmessung. Gleichzeitig hat gerade Galilei sehr viel getan, um die Unabhängigkeit der Zeitmessung von organischen Prozessen zu fördern.

Wer sie bittet, wird empfangen.
Oft schon ist sie so gegangen,

wie man herzlich sie gebeten,
ist zurück- und vorgetreten,

eine Stunde, zwei, drei Stunden,
je nachdem sie mitempfunden.

Selbst als Uhr, mit ihren Zeiten,
will sie nicht Prinzipien reiten.

Zwar ein Werk, wie allerwärts,
doch zugleich ein Werk – mit Herz.

Zeiterleben ist mit Empfindungen, Vorstellungen, Gefühlen inhaltlich eng verbunden. Psychologische Experimente haben immer wieder nachgewiesen, daß die Zeitschätzung der Subjekte von der jeweiligen Situation, ihrer Motivation und von dem jeweiligen Zustand ihres Organismus abhängt. Die relativ junge Wissenschaft der »Chronobiologie« hat sich zur Aufgabe gemacht, über die Eigenheiten und die besonderen rhythmischen Gegebenheiten der Lebewesen speziell im Hinblick auf ihre Zeiterfahrung Detailliertes zu erforschen.

In Abgrenzung zum linearen Zeitmodell, das ja auch als *objektives* Zeitmodell bezeichnet wird, geht es unter diesem Aspekt beim erfahrungsorientierten Zeitmodell um die *subjektive* Zeit als Orientierungsmittel in der Welt. *Lichtenbergs* Bemerkung: »Ich habe oft die Meinung, wenn ich liege, und eine andere, wenn ich stehe, zumal, wenn ich wenig gegessen habe und matt bin« macht diese Relativität des Erlebens in Abhängigkeit zur Position sehr deutlich. Noch treffender, da hier das subjektive Zeitempfinden mit dem linearen Zeitmodell in engen Zusammenhang gebracht wird, hat dies *Alfred Kerr* anläßlich der Kritik einer Theaterinszenierung ausgedrückt: »Als ich um 10.00 Uhr auf die Uhr schaute, war es erst halb neun.«

Das subjektiv-zyklische Zeitverständnis ist ein Hauptthema von Philosophie und Literatur. Der romantische Idealist *Schelling* formuliert: »Alle Zeit ist subjektiv, d. h. eine innere, die jedes Ding in sich selbst hat, nicht außer sich« (zit. nach *Gent* 1965, S. 30). *Ludwig Tieck* führt das subjektive Zeiterleben in seiner Novelle »Die Reisenden« in letzter Konsequenz aus, indem er seinen

»Methusalem« als sechstausenddreihundertundvierundneunzig Jahre alt vorführt und sagen läßt: »Gestern nachmittag hatte ich nur sechstausendundvierundneunzig, und denken Sie, in der kurzen Zeit bin ich schon wieder um dreihundert Jahre älter geworden.« Bei *Max Frisch,* bei dem die Problematik des Zeiterlebens einen zentralen Inhalt seiner Literatur ausmacht, ist das folgende leicht romantisch klingende Zitat zu finden:

Wenn wir nicht wissen, wie die Dinge des Lebens zusammenhängen, so sagen wir immer: zuerst, dann, später. Der Ort im Kalender! Ein anderes wäre natürlich der Ort in unserem Herzen, und dort können Dinge, die Jahrtausende auseinanderliegen, zusammengehören, sich gar am nächsten sein, während vielleicht ein Gestern und Heute, ja sogar die Ereignisse eines gleichen Atemzuges einander nie begegnen. Jeder erfährt das. Ein ganzes Weltall von Leere ist zwischen ihnen. Man müßte erzählen können, so wie man wirklich erlebt. (»Bin oder die Reise nach Peking«)

Als der zentrale Zeitroman, besonders als Beispiel erzählerischer Darstellung des Erlebens beschleunigter und verlangsamter Zeit, gilt *Thomas Manns* »Zauberberg«. Hans Castorp im Sanatorium läßt seine Uhr nicht mehr reparieren, auch reißt er den Kalender nicht mehr ab, dies als Symbol dafür, daß die das lineare Zeitverständnis repräsentierenden Zeitmesser in seiner Situation unnötig sind.

Bei all jenen Menschen, die die Uhr (noch) nicht lesen können – ich meine insbesondere die Kinder – steht, wie *Piaget* nachgewiesen hat, das immer gerade Erlebte im Zentrum ihrer Wahrnehmung. Die Zeiterfahrung von Kindern ist an der Unmittelbarkeit des je eigenen Zustandes angebunden. Eben dieses macht es ja auch vielen Erwachsenen, z.B. Eltern und Lehrern, sehr schwer, mit der Zeitauffassung von Kindern umzugehen. Umgekehrt haben die Kinder ihre Schwierigkeiten damit, die Erwachsenen in ihrer Zielstrebigkeit immer zu verstehen. Als mein dreijähriger Sohn mich fragte: »Warum haben Uhren keine Kopfkissen?« brauchte ich sehr lange, zu lange, um zu verstehen, was er meinte. Der Umstand, daß es sich bei dem erlebnisorientierten Zeitbegriff um die »Zeit der Kinder« handelt, erleichtert es uns Nicht-Kindern nicht, diesen Zeitbegriff, dieses Zeitmodell zu akzeptieren, es nicht nur als eine Phase zu akzeptieren, die es zu überwinden gilt. Der Wissenschaftler *Meumann* (zit. nach *Simmel* 1922, S. 37) hat dies bei seinen psychologischen Experimenten erkannt, indem er das Scheitern seiner Versuche bei Kindern auf deren besonderes Zeiterleben zurückführt: »Das Kind ist eben noch nicht auf die seelische Mechanistik eingestellt, in der sich solche Versuche bewegen, es hat das Tempo des unmittelbaren autonomen Lebens und die ganze zwangsmäßige Art der in solchen Experimenten herbeigeführten Prozesse ist ihm unnatürlich.«

Nur den Erwachsenen ist die zwangsmäßige Art der herbeigeführten Prozesse natürlich: Welcher Verlust an Natur, der schließlich die Unnatürlichkeit des Experiments zur (zweiten) Natur werden läßt. Wer kann hier von wem etwas lernen?

Postmann hat in einer aufsehenerregenden Untersuchung das Verschwinden der Sozialstruktur »Kindheit« für die amerikanische Gesellschaft festgestellt. Damit reduziert sich auch die Möglichkeit, von Kindern und aus der je eigenen Lebensgeschichte als Kind zu lernen. Es ist dann nicht mehr möglich, sich wenigstens als Erwachsener sentimental an einen erlebnisorientierten »Kinderzeitrhythmus« *(Handke)* zu erinnern. Unmöglich wird schließlich auch das, was *Marcel Proust* so faszinierend in Literatur umgesetzt hat: »Die Suche nach der verlorenen Zeit«.

So wie wir uns als Erwachsene dadurch definieren, daß wir eben keine Kinder mehr sind, damit jedoch einen großen Teil unseres Lebens, unserer Erfahrungen, ausgrenzen und von uns weghalten, so drängen wir auch das kindliche Zeiterleben von uns fort. Dies aber ist nicht folgenlos. In Lebensbereichen, in denen Sinnlichkeit, Spontaneität, Erlebnisnähe notwendig sind und wo das Fehlen dieser Möglichkeiten zu massiven Krisen führt, zeigt sich deutlich die problematische Dominanz des linearen Zeitverständnisses. Insbesondere gilt dies für den Bereich, den *Negt/Kluge* (1981) als den der *Beziehungsarbeit* kennzeichnen, also all das, was durch »Liebe« (im weitesten Sinne gedacht) miteinander sozial verbunden ist. Daß diese Beziehungsarbeit nur gelingt, wenn man die subjektiven Zeit-Rhythmen und ihre Besonderheiten akzeptiert, schildern *Negt/Kluge* (1981, S. 947) detailliert:

Die subjektiven Beziehungsarbeiter (...) besitzen durchweg eine spezifische untrügliche Eigenzeit. Ihre Nerven, sämtliche Eigenschaften haben eine je eigene Geschwindigkeit im Innenverhältnis

(einer denkt langsam, fühlt schnell, reagiert schnell, erinnert langsam usf.), und nochmals geschieht dem Beziehungspartner das
gleiche. Diese verschiedenen Geschwindigkeiten müssen in der
Beziehung subtil angenähert werden, auf allen Ebenen der Person
gesondert, damit in der Beziehung wechselseitige Berührungen
entstehen. Andernfalls entsteht nur eine Störung und deren umweg-
reiche Kompensation.   (1981, S. 947)

Liedchen

Die Zeit vergeht.
Das Gras verwelkt.
Die Milch entsteht.
Die Kuhmagd melkt.

Die Milch verdirbt.
Die Wahrheit schweigt.
Die Kuhmagd stirbt.
Ein Geiger geigt.

Joachim Ringelnatz

»Jeden Morgen geht die Sonne auf«
Zeitmessung ohne Uhr

Das von innerer und äußerer Natur abhängige zyklisch-erlebnis-orientierte Zeitverständnis findet in den natürlichen Rhythmen die Maßstäbe für das Messen, oder besser: für das Einschätzen von Zeit. Das gilt auch heute noch – obgleich der Zugriff linearer Zeitordnung, symbolisiert durch die Uhr, total zu werden droht – für bestimmte Personengruppen und Altersgruppen. Kinder und alte Menschen, also jene, die dem ökonomischen Verwertungsprozeß noch nicht oder nicht mehr als Produzierende angehören, haben in eingeschränktem Maße auch heute noch Freiräume, die Zeitorganisation an ihrem subjektiven Erleben auszurichten. Zugestanden wird dies weiterhin häufig mit dem Außenseiteretikett behafteten Berufsgruppen, z. B. Künstlern. Zugelassen wird dies auch in besonderen Situationen, dann nämlich, wenn Erwachsene krank sind. So manchen motiviert dies zum »Krankfeiern« – ein Begriff, der das Attraktive dieses Zustandes bzw. Verhaltens ja treffend ausdrückt. Eine an Symbolik kaum zu überbietende Handlung zeigte eine mir bekannte psychisch Kranke. Auf der Fahrt zum Krankenhaus warf sie wiederholt ihre Uhr aus dem fahrenden Auto. Bei den Arbeitslosen, die ja die Möglichkeiten zur subjektiven Zeitgestaltung durchaus hätten, wertet man einen nicht-linearen Umgang mit der Zeit als Arbeitsunwilligkeit. Häufig werden die Arbeitslosen gezwungen, wenigstens den Anschein zu erwecken, sie seien noch ins linear bestimmte Zeitschema integriert, z. B. indem sie in täglich achtstündige Bildungsveranstaltungen geschickt werden. Es wäre eine Untersuchung wert, wie weit es das stille Merkmal von Randgruppen ist oder gerade dies das Randgruppendasein ausmacht, daß solche Personen einen von der Mehrheit der Bevölkerung abweichenden Umgang mit der Zeit haben.

Zeitmessung im zyklischen Zeitverständnis ist Zeiterfahrung. Basis dieser Erfahrung ist das Anschauen und das Erleben der Umwelt, speziell der Natur. Zeit ist *Aktionszeit,* und das Fortschreiten von Zeit ist mit einem sichtbaren und/oder spürbaren Gestaltwandel verbunden. Für uns, die wir uns an eine hochgradig abstrakte und generalisierte Zeitmessung gewöhnt haben, ist es nur sehr schwer vorstellbar, daß die subjekt-orientierte Zeitrechnung frühere soziale Gemeinschaften funktionsfähig gemacht hat oder dies auch heute noch ermöglicht – z. B. wenn wir abwertend von »Entwicklungsländern« sprechen. Dabei war und ist diese Zeitrechnung hoch komplex – im Gegensatz zu der unsrigen heute, die abstrakt, aber nicht komplex ist. »Es kommt mir auf die Feststellung an, daß Zeitrechnung von Anfang her nicht als rein mathematisch-astronomisches Problem verstanden werden konnte und zu verstehen ist, sondern daß jedes Zeitrechnungssystem jeweils ein äußerst komplexes Gebilde aus astronomischen, umweltlichen, kultischen und praktischen Elementen und Bedürfnissen ist, mithin: jeweils *Ausdruck einer Kultur* ist«, so *Brandt* (1966, S. 722) in seiner Geschichte der Zeitrechnung.

Der Tag und der jeweilige Sonnenstand (Morgendämmerung, Mittag, Abenddämmerung) sowie die Nacht sind und waren über die meisten Kulturen hinweg universell geltende Zeiteinheiten. Die Unterteilungen von Tag und Nacht jedoch sind bereits von Kultur zu Kultur höchst unterschiedlich. Die »Stunde« als Differenzierungsmerkmal ist eine von natürlichen Prozessen losgelöste, d. h. abstrahierende soziale Konvention, die in vielen Gesellschaften lange völlig fremd war. Homer z. B. rechnete nach Morgenröten, Cäsar nach Nachtwachen (was für viele Schüler heute Übersetzungsprobleme mit sich bringt). In Klöstern galten Einteilungen nach den Gebets- und Essenszeiten (Jause, Vesper). Fütterungs- und Melkzeiten des Viehs bestimmten den Tagesablauf der Bauern in vielen Gegenden. Die Nacht wurde, wenn überhaupt, wie z. B. in der Steiermark, nach physiologischen Bedürfnissen beim Menschen, dem Wasserlassen nämlich, eingeteilt. Die Engländer, so berichtet *Thompson* (1973), benutzten noch lange den Ausdruck »pissing while« für jene kurze Zeiteinheit, die das Pinkeln gewöhnlich so dauert.

Für die kurzen Zeiteinheiten wurden, wie diese angeführten Beispiele zeigen, häufig menschliche Körperfunktionen zum Maßstab gemacht. Der »Augen-Blick« ist noch heute gebräuchlich, ebenso der »Atem-Zug« (und mehrere Atemzüge sind dann eine Zigarettenlänge). Dies jedoch sind Reste. Weitgehend sind wir heute von einer Zeiteinteilung, die sich an Naturprozessen orientiert, entfremdet. Man merkt dies nicht zuletzt, wenn man einem Kind, das die Abstraktionsfähigkeit für das Verständnis der Maßeinheit unserer Uhr noch nicht hat, erklären soll, wie lange etwas

Bestimmtes dauert. Man muß notwendigerweise die Zeit mit Inhalten füllen: »Wie lange ist eine halbe Stunde, Papa?« – »So lange wie ein Mittagessen«.

Von einer an überschaubarer Natur geprägten landschaftlich speziellen Zeitmessung berichtet *Gockerell* aus Südtirol:

Gewisse Stunden des Tages wurden in verschiedenen Orten nach dem Aufgehen der Sonne über einzelne Bergspitzen festgestellt, die dementsprechend die Namen Neuner, Zehner, Elfer, Mittagsspitze oder Einser erhielten. Auf solche Weise kam die Benennung der bekannten »Sextener Sonnenuhr« zustande; den Bewohnern der Ortschaft Moos im Sextental in den Dolomiten – und nur ihnen ganz allein – kündeten der Neuner-, der Elfer-, der Zwölfer- und der Einserkofel die Tageszeiten an. Ursprünglich hatten diese Berge auf der anderen Talseite natürlich auch andere Namen. Die »Mittaglücke« im Gorwetschgrat ist gleichzeitig die »Zehnerlücke«, der »Mittagstock« von Gwüest ist der »Nünistock« der Göschener Älpler. (1980, S. 137)

Da die eigene Sensibilität nicht immer zur Zeitmessung ausreichte, hat man sich häufig an exakter reagierenden Pflanzen und Tieren orientiert, speziell wenn es um den Wechsel der Lichtintensität ging. *Goethe* hat dieses Verhältnis des Menschen mit der Natur in den »Wahlverwandtschaften« als das von »Kompatrioten« bezeichnet: »Mit den Bäumen, die um uns blühen, (...) mit jeder Staude, an der wir vorbeigehen, mit jedem Grashalm, über den wir hinwandeln, haben wir ein wahres Verhältnis, sie sind unsere echten Kompatrioten.«

Diesem kompatriotischen Zustand hat der Hahn seine meist sehr hohe und deutlich sichtbare Position zu verdanken.

Der Hahn fand in alten Zeiten als Uhr Verwendung. Die Diener des Persers Ahuramazdas hatten bemerkt, daß er durch sein Krähen mit großer Genauigkeit nicht nur Abend- und Morgendämmerung, sondern auch die mitternächtliche Stunde anzeigt. Deshalb wurde der Hahn auf persisch-baktrischem Boden gezähmt und fand dort erstmals als Uhr Verwendung. So eroberte er sich schnell neue Gebiete der alten und der neuen Welt. Er fand Eingang im alten Rom, gehörte zum Inventar auch der kleinsten Mönchskolonie, rief und ruft heute noch die Gläubigen Abessiniens von den Kirchtürmen an Stelle von Glocken zum Gebet, mahnte die Karawanen des Orients zum Aufbruch und wurde im Okzident erst spät durch die

Präzision der neu erfundenen Uhren aus seiner Rolle verdrängt. Die Mythologie hat die Leistungen des Hahnes nicht vergessen. Sie stellte zuerst im Geburtsland der Uhr dem persischen Lichtgott zur Unterstützung seiner Aufgabe einen Hahn zur Seite.

(*Clauser* 1954, S. 7f.).

Auch die von Menschen geschaffenen Zeichen und Geräte, mit deren Hilfe Zeitpunkte festgelegt wurden, wurden meist nicht am Abstraktum »Uhrzeit«, sondern an der Länge des lichten Tages orientiert. Das Abendläuten, so habe ich es in meiner Kindheit in den fünfziger Jahren in einem hessischen Dorf erlebt, geschah im Sommer erheblich später als im Winter. Und da es die Kinder nach Hause läuten sollte, war es für diese auch weitaus akzeptabler als die abstrakte Uhrzeit, da eben solche Zeitorientierung mit der Umwelt und den eigenen Wahrnehmungen des Kindes fein abgestimmt waren. Zeit wurde wie beim Hahnenschrei durch Klänge erfahren, hier durch schöne Klänge. Der enervierende Piepton heute ist ein hörbarer Rückschritt.

Die Einteilung des Jahres geschah (und geschieht auch heute auf der Welt vielerorts) nach rhythmischen Naturereignissen wie z. B. nach den Regenzeiten, nach den Überschwemmungsperioden (z. B. in Ägypten bis zum Bau des Assuan-Staudammes) und nach dem jahreszeitlichen Wechsel der Natur, von dem so mancher Bauernkalender Zeugnis ablegt. Die bewußte Lebensbewältigung, die Auseinandersetzung mit der Natur, bestimmte dabei das Zeiterleben und die Zeitwahrnehmung.

An die konkrete Anschauung waren auch jene Zeitstrecken, die über die Wiederkehr der Jahreszeiten hinaus gingen, geknüpft. Nicht das Jahrhundert war Maßzahl, sondern die Generation: Die Qualität »Menschenleben«. Das Zählen nach Generationen stellte einen zur Orientierung ausreichenden und konkreten Zusammenhang der Ereignisse her.

Der Begriff »Generation« vermittelte das Gefühl einer lebendigen Kontinuität organischer Menschengruppen, in die das Individuum als realer Träger des Zusammenhangs aufgenommen wurde, der die Gegenwart mit der Vergangenheit verband und diese in die Zukunft hinüberleitete. Und diese Empfindung hatte einen weitaus größeren Sinn und Wert als nur der Hinweis auf einen Punkt der abstrakten chronologischen Skala. Jedoch spiegelt die Rechnung nach Generationen einen lokalen Sinn, Zeitsinn und Zeitbegriff wider. Ein solches Aufzählen wurde in Stammbäumen, in Chroniken bestimmter Geschlechter und in Sagen praktiziert. Mittels Aufzählens der Vorfahren klärte man nicht die allgemeine Chronologie eines Volkes, Stammes und Staates, sondern die kontinuierlichen Verbindungen innerhalb eines Geschlechts oder einer Familie, ohne jedesmal ihre Wechselbeziehungen mit dem Ablauf der Zeit außerhalb des Geschlechterzyklus festzustellen.   (*Gurjewitsch* 1982, S. 103).

Über den familiären Rahmen hinaus wurde Zeit nach den Regentschaftszeiten von Monarchen eingeteilt. Auch heute ist uns das noch aus unseren Geschichtsbüchern bekannt, obgleich für eine gute Note nicht mehr die Bezeichnung eines Zeitraumes durch den Namen eines Regenten ausreicht – es muß auch eine präzise Jahreszahl genannt werden können.

Zeit ist im zyklischen Modell und in der danach ausgerichteten Lebensform nicht die Summe von Tagen, Stunden, Minuten und Sekunden. Zeit ist der Zusammenhang von Erfahrungen. Diese »Messung« ist in einem uns heute eher fremden Sinne exakt. Sie ist persönlich exakt – nicht abstrakt. Das reale Geschehen gibt die vielfältigen Referenzpunkte ab und auch die unterschiedlichen Benennungen für die Maßstäbe und die Einteilungen von Zeit. Daran wird das soziale Leben orientiert. Die konkreten Lebensbedingungen und -erfahrungen strukturieren Zeit, und diese Struktur wiederum bestimmt dann auch die Rhythmen des Alltagslebens.

Die allermeisten der zeitstrukturierenden Begriffe, die uns heute zur Verfügung stehen, basieren nach wie vor auf diesen naturverbundenen Perioden der Wiederkehr. Unser Abstand zu ihnen ist aber so groß geworden, daß ein inhaltlicher Bezug kaum mehr sichtbar bzw. erlebbar wird. Der Frühlingsanfang wird auf die Sekunde genau angegeben, wer aber ab Mitte März in den Kleidergeschäften noch Winterkleidung sucht, weil es draußen schneit, der muß lange Wege zurücklegen und erkältet sich spätestens bei dieser unzeitgemäßen Suche. Die Isolierung vom Geschehen, von der konkreten Anschauung in der Natur, läßt uns dem Schein verfallen, die Zeit und damit das Geschehen ginge immer gleichmäßig kontinuierlich vorwärts. Wir sind heute in unserer Zeitmessung weit weg von den natürlichen und erlebnisorientierten Referenzpunkten.

Nicht ohne Trauer, nicht ohne Gegenwehr hat sich der heutige Trend zur ereignisunabhängigen Zeitmessung durchgesetzt. So z.B. formulierte *Büchner* in »Leonce und Lena«: »Wir lassen alle Uhren zerschlagen, alle Kalender verbieten und zählen Stunden und Monde nur nach Blumenuhr, nur nach Blüte und Frucht.« Und auch *Franz von Assisi*, der es in seiner Zeit sicher leichter mit der Orientierung an der Natur hatte als so mancher Aussteiger heute, versuchte seine Tage wie »Fioretti«, wie Blümelein, zu leben (vgl. *Wendorff* 1980, S. 529). Besonders eindrucksvoll ist *Chaplins* Geste in seinem Film »Das Leihhaus«, wo er als Angestellter eines Leihhauses die von einem Kunden zum Verpfänden gebrachte Uhr mit einem Büchsenöffner auf der Rückseite aufschneidet und alle Einzelteile herausschüttet, um sie zu untersuchen. Dabei wackelt er mit seinem Kopf im Sekundentakt hin und her und signalisiert so gleichzeitig sein Unverständnis gegenüber diesem Gerät. In der Uhr findet er die von ihm gesuchte Zeit nicht – und zusammensetzen mag er das ganze auch nicht mehr. Er schüttelt alle Einzelteile in den Hut des Kunden und setzt ihm diesen auf. Ein schönes, treffendes Bild für den Sachverhalt, daß wir nicht die Zeit, sondern nur mechanische Einzelteile von ihr im Kopf haben.

Durch die Beispiele und Zitate ist indirekt deutlich geworden, daß die zyklisch- und erlebnisorientierte Zeitvorstellung in unserem mitteleuropäischen Lebensraum, wenn überhaupt, dann nur mehr an ihren »Rändern« anzutreffen ist. Die »Ränder« sind dabei mehrdeutig zu verstehen. Die Ränder des Arbeitsprozesses sind ebenso gemeint wie die Ränder gesellschaftlicher Anerkennung menschlicher Handlungen und Verhaltensweisen. Aber dies gilt auch im direkten geographischen Sinne. Sturmfluten an der Nordsee, Schneekatastrophen in Schleswig-Holstein, Lawinenabgänge in den Alpen sind die letzten auffälligen Reste, die uns an die Natur erinnern – zwar nicht mehr an ihre Rhythmen, sondern nur mehr an die Ausnahmen davon. Uns interessiert nicht mehr, ob wir bei Tag oder Nacht geboren wurden, wir kennen den Wochentag nur in den seltensten Fällen (meist nur dann, wenn es ein Sonntag war), der Geburtstag ist nur mehr ein Datum; die Namenstage, in katholischen Kreisen noch bis in dieses Jahrhundert wichtige Festtage fürs Individuum, werden immer weniger gefeiert. Feste überhaupt, nicht zuletzt da sie an Naturzyklen (besonders deren Anfang und Ende) angelehnt waren, haben ihre ehemals große Kraft, das soziale und das individuelle Leben zu strukturieren, verloren. Diese an Festen orientierte Zeitgliederungsfunktion regulierte menschliches Handeln in unserem Lebensraum noch weit über das Mittelalter hinaus, so lange, wie auch die Arbeit und die Muße an den Wechsel der Jahreszeiten gebunden waren (in der Länge und in der Intensität). Feste bedeuteten »Haltepunkte im Fluß der Zeit, denn an die Stelle der auf ein unendliches Ziel unabsehbar dahinstrebenden Bewegung gibt es erreichbare Einschnitte: Man lebt auf den Festtag zu, man freut sich auf ihn und sammelt zugleich seine Kräfte, um ihn zu erreichen und vorher noch die erforderliche Arbeit zu schaffen, aber man kommt dann in ihm zur Ruhe, um danach wieder mit neuer Kraft in den Fluß der Zeit zurückzukehren« *(Bollnow* 1955, S. 201 f.). Es ist heute noch ein Zeichen »einfacher« Gesellschaften, daß sie Zeit und deren Bestimmung (Messung) an den Rhythmen des kollektiven Lebens orientieren; an Zeremonien, an Ritualen, an Feierlichkeiten. Es sind »belebte« Bezugspunkte, die die notwendige Koordination fürs kooperative Handeln abgeben.

Wo früher die *Art der Zeit* als Orientierung angegeben wurde, wird heute nur mehr die Zeit angegeben. Die Wertorientierung unserer Gesellschaft liegt in ihrem Zeitverständnis nicht mehr dort, wo es seine Bezugsgrößen in der inneren und äußeren Natur findet. Man muß dies auch sehr materiell verstehen, denn meist sind es die schlecht bezahlten Tätigkeiten, die noch mit den Zyklen der Natur in irgendeiner Weise verknüpft sind: Die Arbeiten im »Freien«. Daher ist auch der Vergleich *Lefebvres* (1977, S. 172) treffend: »Die

Storm Petersen: Die improvisierte Uhr

(Aus „Peter und Ping")

zyklischen Zeiten, zerbrochen von der linearen Zeit des kumulativen Prozesses, hängen gleichsam wie Fetzen in uns und um uns herum.« Die zunehmende Formalisierung der Zeit und die Lösung des Zeiterlebens von der »natürlichen« Welt ist ambivalent, sie hat Vor- und Nachteile, die die Vor- und Nachteile des zyklisch-erlebnisorientierten Zeitmodells selbst sind; sie lassen sich so zusammenfassen:

Das zyklische Zeitverständnis vermag durch die konstante Wiederkehr bekannter und immer wieder erlebter Naturerfahrungen die Erwartungen und die Handlungen der Individuen und der sozialen Gemeinschaften zu stabilisieren. Zukunftsunsicherheit ist so weitgehend unbekannt. Eine soziale Ordnung, die sich an den Zyklen der Natur orientiert, ist durch Routinen, Rituale und Regelmäßigkeiten gekennzeichnet. Durch dieses konservative Element verleiht sie Sicherheit. Die Zeit wird qualitativ erfahren, sie ist, ebenso wie der Raum, noch nicht abstrakt geworden. Hierdurch kann sie bewußter, inhaltlicher, erlebt werden. Wer mit den Hühnern aufsteht, weiß noch etwas von ihnen und muß nicht erst in den zoologischen Garten gehen, um sie innerhalb der genau einzuhaltenden Öffnungszeiten zu besichtigen. Die Beziehung der Men-

schen zu den Ereignissen ist spürbar, erlebbar, erzählbar. Identifi-
kation mit dem Belebten ist noch möglich. Dies läßt dem einzelnen
Menschen Bewegungsspielraum. In dem seine psychisch-physi-
schen Zustände mit der Natur der Umwelt übereinstimmen oder
auch von ihr abweichen, erlebt der einzelne seine eigene Natürlich-
keit und seine je eigene Besonderheit (oftmals auch schmerzlich).
Der Vielfältigkeit der Naturprozesse entsprechen die unterschiedlichen Bezugspunkte der sozialen und individuellen Zeitstrukturie-
rung. Diese Komplexität läßt somit auch individuelle Freiheiten zu.
Paradoxerweise hat die zunehmende Komplexität der sozialen
Organisationsform unserer Gesellschaft gerade diese Vielfältigkeit
reduziert. Das Gerät »Uhr« ist zweifelsohne präziser als alle
anderen Zeitmesser – aber auch einseitiger und eintöniger (in
doppelter Bedeutung).

Hier findet man dann auch die spürbaren Nachteile des zyklisch-
erlebnisorientierten Zeitverständnisses und der Lebensform, die
diese repräsentiert. Koordination, Synchronisation, Planung sozialer Abläufe bedürfen eindeutiger Bezugspunkte, zumal die immer
komplizierter werdende soziale Organisationsform unserer Gesellschaft es immer nötiger macht, Daten zu fixieren und zeitliche
Verbindlichkeiten einzugehen. Dies ist durch die Anlehnung von
Zeitorientierungen an Prozesse der inneren und äußeren Natur
nicht mehr zu gewährleisten. So ist eine Absprache zwischen zwei
Geschäftsleuten, die voneinander weit entfernt in Frankfurt und
New York arbeiten, jeweils dann miteinander zu telefonieren, wenn
es hell wird, mit Sicherheit geschäftsschädigend, da sie eben nie von
beiden gleichzeitig eingehalten werden kann.

Wir sind heute unabhängiger von der Natur, die Rhythmen der
Natur sind nicht mehr die unseres Lebens – oftmals auch zu Lasten
unseres Körpers, »Was richtig ist, bestimmt der Markt, nicht der
Körper«, so die prägnante Maxime eines Managers, die ich kürzlich
hörte. Die Natur wurde von der Zweckrationalität der Ökonomie
als Bezugspunkt für Zeitorganisation abgelöst. Hunger und mate-
rielles Elend konnten hierdurch für uns Mitteleuropäer überwun-
den werden. Unsere Abhängigkeit von der Natur und deren
Gewalten haben sich ohne Zweifel im Laufe der letzten Jahrhunderte entscheidend verringert (z.B. die von Wetterumschwüngen,
von langen Trockenheiten, Überschwemmungen usw.). Die
Zwänge, die unsere selbstgesetzte Organisation ausübt – und dazu

gehört die von konkreten Erlebnissen abgelöste situationsunabhängige Zeit – haben sich dafür erhöht.

So hat auch der Zuwachs an abstrakter Exaktheit seinen Preis. Nicht die Menschen signalisieren heute »was die Stunde geschlagen hat«, es sind die Sachzwänge – die so sachlich nicht sind. Aber auch die Herren des linearen Zeitschemas, die sich hinter den Sachzwängen allzuhäufig versteckt halten, sind letztlich Knechte ihrer eigenen Instrumentarien und Problemlösungsstrategien, zweifelsohne gut verdienende Knechte.

Wir haben durch die Distanz zum zyklisch-erlebnisorientierten Zeitverständnis und der damit im Zusammenhang stehenden Lebensform viele Freiheiten, viele Möglichkeiten gewonnen – aber wir haben auch viel verloren. Zu fragen wäre, ob die heute sichtbaren Verluste an Erfahrungen, an Unmittelbarkeit, an Naturnähe einen kritischen Punkt markieren, der mit den im linearen Modell erreichten und auch noch zu erlangenden Vorteilen und Möglichkeiten nicht mehr so einfach aufgerechnet werden kann.

Der nächste Schritt: »Von den Zeiten läßt der Mensch sich leiten.«

Die beiden dargestellten Zeitmodelle, einerseits das lineare, anderseits das zyklisch-erlebnisorientierte, stellen Verallgemeinerungen dar, auch Vereinfachungen der realen historisch komplexen Wirklichkeit. In diesem Sinne sind sie Muster, die bei einer rückblickenden Draufsicht wie »Wasserzeichen« im Papier durchscheinen, auf dem die Entwicklung unserer Gesellschaft und deren soziale Strukturen aufgeschrieben stehen. Dabei geht es nicht um ein schlichtes Entweder – Oder: Entweder linear oder zyklisch, entweder erlebnisdistanziert oder erlebnisorientiert. Die sozialen und die individuellen Wirklichkeiten beinhalten Elemente von beiden Modellen mit ihren je spezifischen Vor- und Nachteilen. Die Dominanz des linearen Modells in den Industriegesellschaften ist aber nicht zu leugnen.

Doch kein Mensch kann sein Leben ausschließlich am bruchlosen Ideal linearer Zeitkonstruktion ausrichten, auch wenn er sich in extremer Art und Weise von der Natur um ihn herum gelöst hat. Wie jener amerikanische Manager, von dem der Ausspruch überliefert ist: »Was interessiert mich das Wetter, ich lebe in einer vollklimatisierten Wohnung, arbeite in einem klimatisierten Raum und auch das Auto, mit dem ich täglich zur Arbeit und nach Hause fahre, besitzt eine Klimaanlage«. Seiner eigenen Natur schließlich kann man nur zum Teil, und dann nicht folgenlos, entkommen. An ihr muß man sich nicht nur dann orientieren, wenn man Hunger und Durst hat oder wenn man müde ist. Ebensowenig kann sich jemand in seinem Alltagshandeln, auch wenn er glaubt, sich vom Trend des linearen Fortschritts abkoppeln (also aussteigen) zu können, ausnahmslos nur mehr an den Zyklen und an den Rhythmen äußerer und innerer Natur ausrichten. Allein schon die Regeln des Straßenverkehrs lassen die Abweichung nur mehr unter Lebensgefahr zu.

Aber die *real wirksamen* Unterschiede der beiden Zeitverständnisse und der mit diesen verknüpften Lebensprinzipien sollen auch nicht zugedeckt werden, denn sie sind für viele Konflikte und Brüche in unserer Lebenswelt ursächlich. Sicher, es gibt Möglichkeiten, Teile von beiden Modellen in unserem alltäglichen Handeln zu berücksichtigen. Aber es wäre illusionär, davon auszugehen, daß man ausschließlich Vorteile (bzw. das, was man als solche betrachtet) beider Konzepte zu einem Idealmodell schlichtweg addieren könnte, um daran dann die soziale und die individuelle Wirklichkeit auszurichten. Beide Möglichkeiten, sich auf Zeit zu beziehen, haben sich in sozialen Formen (Strukturen) verdichtet und diese sozialen Formen bestimmen das Leben der Individuen, der Gemeinschaften und der Gesellschaft. Sie gehen im wahrsten Sinne des Wortes in Fleisch und Blut der Gesellschaftsmitglieder über. Prägnantes Beispiel ist *Robinson Crusoe*. Seine erste Tat nach dem Schiffbruch bestand darin, sich eine starre Zeiteinteilung und einen Kalender zu machen, obwohl er von aller Zivilisation weit entfernt war. Wen wundert es da, daß er den ersten Menschen, den er auf seiner Insel sah, »Freitag« nannte. Hätte *Defoe* sein (satirisches) Portrait heute verfaßt, die wasserdichte Armbanduhr hätte sicherlich den Schiffbruch überstanden.

»Das Leben entäußert sich in Formen, kann sich nur in Formen erfüllen. Die Formen wirken aber drückend auf das Individuum, das Leben, zurück« *(Dahme/Rammstedt* 1983, S. 16). Diese Wechselwirkung gilt es im nächsten Kapitel für unsere heutige mitteleuropäische Zivilisation im Detail zu betrachten. Da unsere Beziehung zur Zeit und die Gestaltung von Zeit fundamentale Grundlage soziokultureller Ordnungen sind und weil diese Ordnungen nicht unveränderlich sind, sondern auf Konventionen beruhen, die auch anders sein könnten, hat dies auch einen praktischen Sinn: Die Möglichkeiten von Veränderungen und Umorientierungen als realistisch zu sehen und zu verstehen.

Damit dies deutlicher wird, werde ich in den nächsten beiden Abschnitten zwei gesellschaftlich relevante Bereiche, den der Arbeit und den der Bildung (Schule), detaillierter in Hinblick auf das dort herrschende Zeitverständnis betrachten.

Viertes Kapitel

Vom Arbeiten und Lernen

Was die Minute kostet ...

Bei einem Jahresverdienst von

  9000,– DM ist jede Arbeitsminute –,15 DM wert
10000,– DM ist jede Arbeitsminute –,17 DM wert
12000,– DM ist jede Arbeitsminute –,20 DM wert
15000,– DM ist jede Arbeitsminute –,25 DM wert
18000,– DM ist jede Arbeitsminute –,30 DM wert
21000,– DM ist jede Arbeitsminute –,35 DM wert
25000,– DM ist jede Arbeitsminute –,42 DM wert
30000,– DM ist jede Arbeitsminute –,50 DM wert

usw.

»Zeitatome sind die Elemente des Gewinns.«*

*»Wenn Sie mir erlauben«, sagte mir ein sehr respektabler Fabrikherr, »täglich nur 10 Minuten Überzeit arbeiten zu lassen, stecken Sie jährlich 1000 Pfd. St. in meine Tasche.«**

Wir leben in einer Arbeitsgesellschaft (mit ca. 5 Mio. Arbeitslosen). »Die Neuzeit hat im 17. Jahrhundert damit begonnen, theoretisch die Arbeit zu verherrlichen, und sie hat zu Beginn unseres Jahrhunderts damit geendet, die Gesellschaft im Ganzen in eine Arbeitsgesellschaft zu verwandeln« (*Arendt* 1981, S. 11). Die Auseinandersetzung der Menschen mit der Natur ist auf den Zweck der Erstellung verwertbarer Produkte ausgerichtet. In diesem Prozeß der Veränderung von Natur ändert sich auch der arbeitende Mensch. Arbeit wird zum zentralen Medium individuellen und gesellschaftlichen Selbstverständnisses. »Die Arbeit«, so das *Gothaer Programm* von 1875, »ist die Quelle allen Reichtums und aller Kultur.« »Nichts unterhält so gut (...) die Sinne mit der Pflicht in Frieden, als fleißig sie durch Arbeit zu ermüden«, so *Christoph Martin Wieland* im »Oberon« (1780, zit. nach *Fetscher* 1983, S. 57). Fortschritt, dies die real wirksame Idee des 19. Jahrhunderts, ist nur durch Arbeit möglich.

Unsere heutige Ausprägung der Arbeitsgesellschaft hat eine relativ lange und zuweilen dramatische Geschichte, die nachzuzeichnen hier nicht das Thema ist. Die Überlegungen in diesem Abschnitt zielen vielmehr auf die Darstellung des Verständnisses von Zeit und der entsprechende Umgang mit der Zeit in einer auf Arbeit hin orientierten Gesellschaft.

In einer historischen Situation wie der unsrigen ist das Thema »Zeit und Arbeit« zu einem wichtigen Inhalt gesellschaftlicher Auseinandersetzungen geworden. Der Kampf um die Verkürzung der Arbeitszeit ist nicht beendet. Dieser Kampf ist nicht nur einer um Quantitäten, auch wenn es auf den ersten Blick so aussehen

* Marx, MEW, Bd. 23, S. 257

mag, er ist auch ein Kampf um Lebensformen, um eine »Zeitkultur« (geführt wird er jedoch noch nicht so). Die Appelle an die traditionellen Arbeitstugenden sind Indizien für einen Wertewandel, für eine langsame Entwertung von Arbeit und damit auch von Arbeitszeit im Lebenszusammenhang der Individuen (vgl. dazu besonders *Hindrichs/Wiesenthal* 1982).

In einer Gesellschaft, die die kollektiv organisierte Arbeit zur Grundlage gemacht hat – und trotz aller Krise auch noch macht – herrscht notwendigerweise jene Zeitvorstellung, die der Optimierung von Arbeitsprozessen dienlich ist. Zeit wird dabei als »Ökonomie der Arbeitszeit« begriffen, d. h. unter dem Aspekt der Verwirklichung von Produktionszielen organisiert. In dieser Weise wird Arbeitszeit auch von der (einflußreichen) Wissenschaft behandelt. Als prägnanter Beleg dafür kann der Forschungsbericht 2443 des Landes Nordrhein-Westfalen mit dem Titel »Zeitökonomie im Management« *(Kevenhorster/Schönbohm* 1974) gelten. Das Institut für Kommunikationsplanung (!), Bonn, das für die Abfassung verantwortlich zeichnet, spricht, ohne die Relativität der Begriffe irgendwo zum Thema zu machen, von »Zeitbudget«, »Zeitfonds«, »Betriebsmittelzeit«. Im Text wird bedauert, daß es sogenannte »Leerzeiten« gibt. Man fordert die Festlegung von »Zeitzonen« für den Tag, für die Woche und für den Monat. Populärwissenschaftliche und deshalb auch verbreitetere Schriften (wie z.B. der Ratgeber von *James McCay:* »So gewinnt man Zeit«) führen die im Betrieb herrschende Zeitauffassung noch näher an die Alltags-Handlungen der Leser heran, z.B. mit dem Hinweis: »Wenn Sie keine Antwort finden können, suchen Sie nicht weiter, sondern sparen Sie Zeit, indem Sie die Frage neu formulieren« (1971, S. 90). Abhängig, so *McCay,* ist, wer die Herrschaft über seine Zeit verliert (S. 38 f.). Um diese Herrschaft wieder zu erlangen, empfiehlt *R. A. Mackenzie* (1970), sogenannten »Zeitfallen« zu entkommen, dies u.a. mit der Empfehlung, selektiv zu lesen und das Schnellesen zu erlernen. Die Nachfrage nach solchen Empfehlungen scheint sehr hoch zu sein. Sonst gäbe es auch keine Selbstlernprogramme, z.B. im Rahmen von Fernkursen, in denen man das »Zeitsparen« lernen kann. Ziel dabei ist es, die Zeit fester in den Griff zu bekommen nach dem angepriesenen Prinzip: »Nutzen Sie auch kleine und kleinste Zeiteinheiten« (so im 99-Tage-Training der Zigarettenfirma Reemtsma). Daß man sich bei diesem »Griff« auch an die eigene

Gurgel faßt, wird spätestens dann deutlich, wenn man die von einem Professor *Carl Hilty* erstellte »Liste der unnützen Dinge, die Zeit vergeuden« ernst nimmt. Er zählt z. B. zu den zeitverschwendenden Tätigkeiten das übermäßige Zeitunglesen, das Vereinsleben, das Festefeiern, die Geselligkeiten, das Theater, das Kino. Ja, was bleibt da übrig – die Arbeit.

Ein nach solchen Prinzipien zeiteffektiver und zeitraffender Mensch lebt lebensgfährlich. Dies haben *Friedman/Rosenman* (1975) in ihrer Untersuchung über die Entstehungsursache von Herzinfarkten herausgearbeitet. Der Zeit-managende Typ ist bei ihnen der sog. A-Typ. Sie schildern ihn folgendermaßen:

Das bezeichnendste Merkmal des A-Menschen ist das Gefühl, ständig unter Zeitdruck zu stehen, also die »Zeitkrankheit«. Darum meint der A-Mensch so häufig, er hätte nicht genug Zeit, all die Dinge zu erledigen, die er tun zu müssen glaubt oder tun möchte, während der B-Mensch davon überzeugt ist, daß er genug Zeit für alles hat, was er schaffen muß! A-Menschen hören nie auf, immer mehr Dinge in ihre schrumpfenden Zeitreserven »hineinzustopfen«. Diese unaufhörliche Bemühung, dieser ewige Kampf gegen die Zeit führt unserer Ansicht nach sehr oft dazu, daß A-Menschen von koronaren Herzkrankheiten ins Grab gebracht werden. (S. 75 f.)

Das Produkt der zunehmenden Geschwindigkeit ist die Leere, und dieses Gefühl der Leere treibt den Manager zur Eile und diese Eile zu noch mehr Geschwindigkeit und so weiter und so fort, bis er aus dieser (Renn-)Bahn geworfen wird – durch Herzinfarkt sehr häufig.

»Die Zeit ist alles, der Mensch ist nichts mehr, er ist höchstens noch die Verkörperung der Zeit«; so die prägnante Formulierung von *Marx* im »Elend der Philosophie« (MEW, Bd. 4, S. 85). In dieser Aussage ist die Herrschaft der »Zeitökonomie« über den Menschen treffend zusammengefaßt. *Chaplin* hat sie im Film »Moderne Zeiten« unnachahmlich ins Bild gesetzt. Erinnert sei nur an die Szene, in der Chaplin in eine riesige Maschine fällt, sein Frühstück halb eingeklemmt zu sich nimmt und, erst nachdem das Räderwerk nach abgelaufener Pausenzeit wieder in Gang kommt, aus seiner mißlichen Lage befreit wird. Ein treffendes Bild dafür, daß der maschinelle Takt die Lebenssituation des arbeitenden Individuums bestimmt. Die grundlegenden menschlichen Bedürfnisse können zwar befriedigt werden (in *Chaplins* Fall die Nahrungsaufnahme), aber eben eingeklemmt.

Zunehmend – auch das zeigt *Chaplin* brillant – gleichen seine Bewegungen immer mehr der eines toten Apparates; selbst das Lächeln wird – wie das elektrische Licht – je nach Bedarf ein- oder abgeschaltet. *Foucault* (1977, S. 192) nennt das »instrumentelle Codierung des Körpers«. *Max Weber* hat diesen Prozeß der neuzeitlichen Rationalisierung im Betrieb, der weitestgehend Zeitrationalisierung ist, eindringlich analysiert:

Hier wird der psychophysische Apparat des Menschen völlig den Anforderungen, welche die Außenwelt, das Werkzeug, die Maschine, kurz die Funktion an ihn stellt, angepaßt, seines, durch den eigenen organischen Zusammenhang gegebenen Rhythmus entkleidet und unter planvoller Zerlegung in Funktionen einzelner Muskeln und Schaffung einer optimalen Kräfteökonomie den Bedingungen der Arbeit entsprechend neu rhythmisiert. Dieser gesamte Rationalisierungsprozeß geht hier wie überall, vor allem auch im staatlich bürokratischen Apparat, mit der Zentralisation der sachlichen Betriebsmittel in der Verfügungsgewalt des Herrn parallel. (1976, S. 686)

Die eigene, auf den Körper oder die natürliche (oder auch die soziale) Umwelt bezogene Rhythmik des Arbeitenden wird durch die an Apparaten (oder strategischen Verwaltungsabläufen) orientierte Gliederung, besser: Zerstückelung, der Zeit ersetzt. Der Körper wird so umgeformt, daß er als optimales Leistungsinstrument eingesetzt werden kann. Die Arbeitszeit ist nicht mehr die Zeit der Arbeitenden. Takt-losigkeit erhält unter diesem Gesichtspunkt etwas Befreiendes, und manche Person ist wohl deshalb nur taktlos, weil sie den Takt loshaben will.

Deutliches Merkmal der wachsenden Unterordnung naturbezogener und natürlicher menschlicher Rhythmen unter den, die innere und die äußere Natur ignorierenden, technisch hergestellten regelmäßigen Takt ist die Einführung der Schichtarbeit und deren Zunahme in den letzten Jahrzehnten. Heute arbeiten 14% der erwerbstätigen Männer und 9% der Frauen in regelmäßigem Schichtdienst. Im Dienstleistungsbereich zeigen sich die stärksten Steigerungsraten. Das gesundheitliche Risiko dieser Arbeit ist vielfach belegt, da auch eine langfristige Anpassung der Körperrhythmik an den phasenverschobenen Tag-Nacht-Zyklus nicht stattfindet. Alle wie auch immer gearteten Vergünstigungen für Schichtarbeiter können diese Zeitproblematik nicht außer Kraft setzen. Sie sind eher als Beleg für das hohe Risiko einer einseitigen Anpassung der menschlichen Rhythmik an den maschinellen Takt zu werten.

Zeit als Organisationsprinzip fortlaufender Ereignisse ist im Betrieb Teil einer Produktionsökonomie, die die lebendige Arbeitskraft durch Zerlegung und Reduktion auf ihre technologische Dimension in Einklang zu bringen versucht mit dem zunehmend maschinell bestimmten Produktionsablauf. Diese ökonomische Lebensform kümmert sich nicht um die Eigenstruktur des Menschen, sie ist funktional auf die effektive Verwertbarkeit hin ausgerichtet. Nicht die qualitativen Rhythmen von innerer und äußerer Natur bestimmen die Arbeitszeit, sondern die Funktionseinheiten maschineller Abläufe. Dieser Takt ist an quantitativen Rationalitätskriterien orientiert. Er ist das Zeitmoment eines Systems möglichst gleichartiger, auswechselbarer und genormter Einzelteile, die sich in gleicher Weise immer wieder wiederholen. *Der Takt ist die Zeitlogik des Mechanischen, dem sich alles Organische im Hinblick auf das Produktionsziel unterzuordnen hat.*

Ihre deutlichste Ausprägung hat diese Effektivitätslogik im Fließband gefunden (Der Begriff »Fließband« verschleiert dabei das Gestückelte bzw. die nicht-organische Zusammensetzung von Zeiteinheiten).

Dazu ein kleiner Exkurs:

In der gesellschaftlichen Wirklichkeit ist die Fließbandtechnik von den kapitalistischen Unternehmen zur Kontrolle arbeitsteiliger Produktionsprozesse und zur Steigerung der Arbeitsintensität eingesetzt worden. Sie wurde erstmals um 1910 in den Zerlegeabteilungen der Schlachthöfe von Chicago und seit 1914 in den Automobilwerkstätten von Henry Ford angewandt. Aufgrund der Massennachfrage nach Fleisch und der angestrebten Massenfertigung von Automobilen hatten die Unternehmen die Zerlegung der Arbeit weit vorangetrieben und die Reihenfolge der Bearbeitungsvorgänge fließförmig organisiert, wodurch Transportwege verkürzt, Übersicht, Vergleich und Kontrolle erleichtert wurden.

Die Technisierung eines solchermaßen arbeitsteilig organisierten Arbeitsprozesses durch ein zentral steuerbares Band ermöglicht es der Unternehmensleitung, durch eine stufenweise Erhöhung der Durchlaufgeschwindigkeit die anteiligen Kosten pro Wareneinheit zu senken. Die gleichförmige Bewegung des laufenden Bandes unterdrückt das Bedürfnis der Arbeitenden nach einem eigenen Arbeitsrhythmus, nach natürlichen Pausen, nach Verlassen des Arbeitsplatzes und nach Gesprächen mit Kollegen. Es zwingt ihn zur Bearbeitung des Werkstücks in einem Zeitabschnitt, der ihm vom Takt des Bandes vorgeschrieben wird.

Der entscheidende Unterschied zu früheren Formen der betrieblichen Herrschaft besteht darin, daß die Fließbandtechnik die befehlsmäßige Normierung der Arbeitsleistung mittels Aufsichtspersonen durch den *unpersönlichen, mechanisierten Zwang des Maschinentaktes* ersetzt. (*Rammert* 1982, S. 70)

Formen moderner Zeitorganisation haben sich in allen Lebensbereichen herausgebildet, freilich nicht gleichzeitig und auch mit unterschiedlicher Rigorosität der Durchsetzung bei den Betroffenen. Eine wichtige Stufe in diesem historischen Prozeß war die Industrialisierung der Produktionsarbeit. Im Unterschied zur feudalen Herrschaft über die gesamte Zeit des Menschen wird in der kapitalistischen Lohnarbeit ein Teil der Lebenszeit als Arbeitszeit verkauft. Der Reduktion der Arbeitszeit auf ihren Geldwert entspricht die Ausrichtung des unternehmerischen Profitinteresses auf die Steigerung der Produktivität der Arbeitszeit, also die Ökonomisierung der Zeit. Die Formen sind bekannt: zeitsparende Arbeitsorganisation und Beschleunigung des Arbeitstempos durch Zerlegung der Arbeit in Teilarbeiten und durch Einebnung von Unregelmäßigkeiten und von Rhythmen, die nicht zum Maschinentakt passen. Für die Arbeitenden ist durch die Beschränkung auf Teilaufgaben die Einheit von Arbeitsaufgabe, Arbeitsvollzug und Arbeitsergebnis zerstört. Ziel der Arbeit ist allein der Lohn und das Ende der verkauften Stunden, nicht aber die Fertigstellung des Produkts. Das Arbeitstempo ist nicht – wie etwa im Handwerksbetrieb – durch naturbedingte Rhythmen der Tages- und Jahreszeiten, durch Wechsel von hoher Arbeitsintensität und Müßiggang und durch Bedingungen der Vielfalt täglich anfallender Tätigkeiten bestimmt, sondern durch die permanenten Zwänge des Maschinentakts.

(*Rebe-Kleberg/Zeiher* 1984, S. 31)

Zeitersparnis ist der Gesichtspunkt, auf den sich die physischen, psychischen und sozialen Ressourcen auszurichten und zu organisieren haben. Dies gilt zunehmend auch für Tätigkeiten in Dienstleistungsbetrieben, wie z. B. bei Banken, bei Reisebüros, ja sogar in Restaurants. Wer weiß, ob sich nicht herausstellt, daß der »Wienerwald« deshalb in Zahlungsschwierigkeiten geriet, weil die dort übliche Schrammelmusik zum längeren Verweilen und zur geschäftsschädigenden Muße einlud.

Was wir Fortschritt nennen, ist auch ein Fortschreiten der Beherrschung von innerer Natur. Aufgrund der am Rationalisierungskalkül orientierten Zeitstruktur sind z. B. viele zur Natur des Individuums gehörenden Gefühle für den Arbeitsablauf störend. Dies gilt für affektive Prozesse, die sich aus sozialen Beziehungen ergeben und die diesen zugrundeliegen ebenso wie für Affekte, die sich aus der inneren Natur des einzelnen ergeben (z. B. Tagesrhythmen, Wetterfühligkeit, Schlaflosigkeit usw.). Emotionen müssen vom Arbeitenden im Sinne des Zeittaktes schematisch ausgerichtet werden: Solche, die sich nicht einengen und kanalisieren lassen, fallen der Verdrängung anheim. Dies macht echte und tiefgehende menschliche Beziehungen während des Arbeitsablaufes fast unmöglich. Die sozialen Beziehungen laufen daher während der Tätigkeit weitgehend gefühllos, entsinnlicht ab. Die im Konfliktfall im Betrieb üblicherweise verwendete Formel: »Nun bleiben Sie doch sachlich«, macht diese Aufforderung zur Gefühllosigkeit immer wieder deutlich. Es ist letztlich die Aufforderung, nicht dem eigenen Körper zu trauen. Viel stärker noch sichert die Struktur, in die die betrieblichen Arbeitsprozesse eingespannt sind (z. B. die Zeitstruktur), die Unterdrückung von Teilen menschlicher Natur.

An folgendem Beispiel wird sichtbar, wie die Handlungsanweisungen in den Mechanismus von Apparaten bereits eingebaut sind. Sich am Telefon möglichst kurz zu fassen, das muß der Vorgesetzte heute nicht mehr zu seinen Untergebenen sagen. Nixdorf hat ihm dies mit dem Speichersystem 88SP abgenommen. Ein Ausschnitt aus der Werbebroschüre:

Telefongespräche führen oft zu abschweifenden Diskussionen

Jedes Telefongespräch verführt Sie dazu, die Informationsmenge, die Sie von Ihrem Gesprächspartner erhalten, durch Fragen an ihn zu erhöhen. Die Motivation hierzu wird von dem Trugschluß getragen, daß mit wachsender Informationsmenge auch automatisch die Informationsqualität erhöht wird. Dies führt zu oft langen Diskussionen, die vom eigentlichen Dialoggrund vollkommen abweichen. Die Telefongebühren, besonders für teure Ferngespräche, steigen in den heutigen Unternehmen nicht zuletzt wegen überflüssig geführter Telefongesprächsfloskeln drastisch an.

Das Bedürfnis, mehr als nur zweckgerichtete Informationen zu transportieren, wird hier ignoriert und die Möglichkeit, es technisch zu unterdrücken, als Fortschritt angepriesen. Besonders im Büro- und Verwaltungsbereich wird sich diese Entwicklung verstärken. Mit einher geht die Anonymisierung (was man verschleiernd oft als Versachlichung oder Verobjektivierung ausgibt) und damit eine Verödung sozialer und affektiver menschlicher Bedürfnisse.

Immer mehr Bereiche werden einem Uhrwerk ähnlich, und mit der Veränderung der Uhren ändern sich auch die Formen von Arbeit. Uhren brauchen niemanden mehr, der sie aufzieht; in den Betrieben braucht man niemanden mehr, der die Arbeitstugenden anmahnt. Die Stechuhr, der Takt der Maschine, die Möglichkeiten und Unmöglichkeiten des Computers machen diese Vorgesetztenaufgabe überflüssig.

Die Ökonomie der Zeit greift über die Arbeit und deren zentralen Stellenwert in unser gesamtes Leben ein, sie bestimmt unser zeitbezogenes Selbst- und Wirklichkeitsverständnis. So läßt sich u.a. feststellen, daß Dinge, die nicht vermehrbar sind, die sich also gegen das Ökonomieprinzip sperren (d.h. immer mehr von dem Gleichen in möglichst kurzer Zeit zu produzieren), in der Wertschätzung zunehmend sinken. Nicht nur die durch die Form der Arbeit erzwungene Teilnahme an dem (nach dem gleichen linearen Zeitmodell organisierten) Verkehrssystem, an der Bürokratie und an den administrativen Versorgungsleistungen, prägen den Habitus des »allseitigen Maximierers« *(Hindrichs/Wiesenthal)*. Von der Arbeit selbst und von der um diese herum geordneten Umwelt werden unsere Verhaltensweisen, unsere Bedürfnisse, unsere Wahrnehmungen, unsere Wertungen, auch in der arbeitsfreien Zeit bestimmt. Das, was wir euphemistisch »Freizeit« nennen, »die kostbarsten Wochen des Jahres«, wie der Neckermann-Katalog den Urlaub nennt, bleibt davon nicht unberührt: Fotos statt Erfahrungen, Aktionen statt Erlebnisse. Unsere Beziehungen zu anderen Menschen lassen kaum mehr zeitraubende Freundschaften zu, wir haben dafür Bekannte – und davon dann auch mehr. »Sozialkontakte« nennen wir daher auch unsere Zufallsbegegnungen, und das erinnert stark an den Elektriker.

Moderne Liebesaffären, so *Sebastian de Grazia,* ähneln Geschäftsabschlüssen: »Keine Ziererei, wenig Blumen, keine Zeitvergeudung durch umständliche Komplimente, Gedichte und langatmige Verführungen, keine Komplikationen und, bitte, keine Szenen« (zit. nach *Linder* 1970, S. 122). Das Telefonieren und das Faxen lösen das zeitintensive Briefeschreiben ab, die Gewinn- und Verlustrechnung der Telecom belegt dies eindeutig. Und weit entfernt sind wir nicht mehr vom Traum des amerikanischen Psychotherapeuten *Carl Sagan:* »In einer Zeit, in der immer mehr Menschen unserer Gesellschaft einer therapeutischen Beratung bedürfen und in der Simultanrechner weit verbreitet sind, könnte ich mir gut die Entwicklung eines Netzes von psychotherapeutischen Computeranschlüssen vorstellen, etwa einer Phalanx von Telefonzellen vergleichbar, in denen wir für ein paar Dollar pro Sitzung mit einem aufmerksam, qualifizierten und weitgehend nicht-direktiven Psychotherapeuten sprechen können« (zit. nach *Weizenbaum* 1978, S. 18). So können sich sogar die Therapeuten, die ja weitgehend von den Defiziten im Arbeitsbereich leben, letztlich auch nicht der »Ökonomie der Zeit«, wie sie in den Betrieben herrscht, entziehen. Einen Fuß haben sie schon auf dem Karussell. Wer aber fängt uns dann auf, wenn wir hinausgeschleudert werden? Nur mehr ironisch klingt der Mittagsgruß »Mahlzeit« in der Betriebskantine. Während sich die in der betrieblichen Hierarchie Unteren in der immer kürzer werdenden Mittagspause den Bauch mit Fastfood füllen, nutzen die Höheren die physiologisch bedingte Zäsur des Arbeitsablaufes, indem sie die Befriedigung ihrer Eßbedürfnisse mit Fachgesprächen kombinieren: »Arbeitsessen« werden immer beliebter.*

Die zeitökonomische Rationalisierung unseres Alltags macht auch dort nicht halt, wo wir der Arbeit etwas entgegenzusetzen versuchen. Das Fest, das gemeinsame Feiern, zeigt bereits deutlich die Narben. »Familienfeste werden zu einem Rechenexempel zwischen Konsumzwang und Haushaltung mit den vorhandenen Geldmitteln zum Erwerb der Ware Fest. Öffentliche Feste, die im übrigen unter dem gleichen Zugzwang stehen, benötigen das Volk nur noch als Zuschauer. Die Gestaltung ist Sache der Funktionäre« (*Greverus* 1977, S. 3).

Wenn wir jedoch dann wirklich einmal Zeit haben und nicht sogleich wieder in Aktivität und Pseudoaktivität ausweichen, kommt die *Langeweile* über uns. Das Zuviel an Takt, an fremdbestimmter aktivierender Ordnung im Arbeitsprozeß und auch in der Lebenswelt um ihn herum, macht uns unfähig, mit der Zeit selbstbestimmt und selbstbestimmend umzugehen. Die Arbeitslosen zeigen dies deutlich. Ihre Situation, ihr Verhalten ist auch ein Reflex auf die Form der Arbeit in unserer Gesellschaft, speziell auf die Bedingungen von deren zeitlicher Organisation. Der Wegfall der fremdbestimmten Zeitstruktur, die ja in ihrer strengen Regel-

* »Deshalb ist nicht verwunderlich, daß sich Selbstbedienung zunächst durch Essen am Arbeitsplatz herausgebildet hat. Das Prinzip entstand in den Funktionsbereichen Kaserne und Fabrik. Der soziale Ort bloßen funktionsgerechten Anschlusses an den unumgänglichen Stoffwechselkreislauf in den Formen Energieverbrauch und Energieaufnahme ist die Kantine« (*Brook*, zit. nach *Rath* 1984, S. 158).

Auch hierfür – aber nicht nur hierfür – gilt die Feststellung von *Horkheimer* und *Adorno* (1969, S. 42): »Fluch des unaufhaltsamen Fortschritts ist die unaufhaltsame Regression« und auch die von *Nestroy:* »Ein jeder Fortschritt ist nur immer halb groß, als wie er zuerst ausschaut.«

mäßigkeit auch einen starken Halt bietet, setzt nur in den seltensten Fällen Fähigkeiten frei, die Zeitorientierung an eigenen Bedürfnissen ausrichten zu können. Dazu ein aktuelles Zitat aus einer inzwischen klassischen soziologisch-sozialpsychologischen Untersuchung von 1933 (Neuauflage 1960), der Marienthal-Studie:

Bei näheren Zusehen erweist sich diese Freizeit als tragisches Geschenk. Losgelöst von ihrer Arbeit und ohne Kontakt mit der Außenwelt, haben die Arbeiter die materiellen und moralischen Möglichkeiten eingebüßt, die Zeit zu verwenden. Sie, die sich nicht mehr beeilen müssen, beginnen auch nichts mehr und gleiten allmählich ab aus einer geregelten Existenz ins Ungebundene und Leere. Wenn sie Rückschau halten über einen Abschnitt dieser freien Zeit, dann will ihnen nichts einfallen, was der Mühe wert wäre, erzählt zu werden. *(Jahoda u. a.* 1960, S. 68)

Der inhaltlichen Leere der Arbeitszeit entspricht die Leere dessen, was wir »Freizeit« nennen. Die Gleichung »Zeit ist Geld« läßt sinnorientierte Lebenserfüllung auch außerhalb der Arbeitswelt kaum mehr zu:

Das Leben ist so eine Sache. Sagt Hans. Morgens freust du dich auf die Mittagspause. Wenn die vorbei ist, freust du dich auf den Feierabend. Am Feierabend freust du dich auf den Jahresurlaub. Und im Jahresurlaub freust du dich auf die Rente. Und wenn du in Rente bist, weißt du, es hat sich alles nicht gelohnt. Aber du hast dich oft gefreut. *(Beltz* 1984, S. 73)

Nun kann man Zweifel haben, ob die permanente Freude ohne Befriedigung noch wirkliche Freude ist – eher ist es die endlose Hoffnung auf eine Freude, die ja vergleichbar ist mit jener für den Arbeitsprozeß produktiven Illusionen, daß durch schnelleres Arbeiten auch Zeit gewonnen werden könne. Zeit, in der man dann endlich das tun kann, was man sich erträumt (!).
»Enteigne ich Menschen von ihrer eigenen Zeit, und ist es unmöglich, sie in eine Fremdzeit einzufangen, so entsteht aus einer solchen Enteignung, ein permanentes Hin und Her: Zeitsuche« *(Kluge* 1984, S. 446). Es klingt paradox: Je intensiver die Erfahrung der Beherrschung von »Zeit« gemacht wird, um so mehr verlieren wir sie, suchen wir nach ihr. Die Paradoxie ist jedoch erklärbar: In den an Arbeitsläufen ausgerichteten Organisationsschemata von Zeit

machen wir zunehmend die Erfahrung der Erfahrungslosigkeit. Dies deshalb, weil die Qualität der Erfahrung nicht nach konkreter Subjektivität und deren Entwicklung bewertet wird, sondern am formalen, abstrakten Medium *Geld* und der für dessen *Erwerb* aufgewendeten Zeit. Dieses linear ausgerichtete Zeitschema ist in seiner eindimensionalen Rationalität nicht Subjekt-neutral, sondern blind gegenüber den Subjekten, blind gegenüber menschlicher Natur. Technisch-instrumentelle Naturaneignung, wie die Produktion sich ja häufig darstellt, geht einher mit der Zerstörung (mindestens aber mit der Ignoranz) von subjektiver Natur. Wie diese Art von Naturaneignung auf die Aneignenden zurückschlägt, dies zeigt in vielen Fällen die Schonungslosigkeit gegen die eigene Natur und gegen die anderer Subjekte (z. B. gegen deren Rhythmen und Zyklen), mit der man im Arbeitsprozeß seinen »Mann« steht.

Arbeitszeitverordnung vom 30. April 1938

§ 2 Begriff der Arbeitszeit
   (1) Arbeitszeit ist die Zeit vom Beginn bis zum Ende der Arbeit ohne Ruhepausen.
§ 3 Regelmäßige Arbeitszeit
   Die regelmäßige werktägliche Arbeitszeit darf die Dauer von acht Stunden nicht überschreiten.
§ 12 Arbeitsfreie Zeiten und Ruhepausen
   (1) Den Gefolgschaftsmitgliedern ist nach Beendigung der täglichen Arbeitszeit eine ununterbrochene Ruhezeit von mindestens elf Stunden zu gewähren ...
   (2) Den männlichen Gefolgschaftsmitgliedern sind bei einer Arbeitszeit von mehr als sechs Stunden mindestens eine halbstündige Ruhepause oder zwei viertelstündige Ruhepausen zu gewähren, in denen eine Beschäftigung im Betriebe nicht gestattet ist ...
§ 25 Strafvorschriften und Zwangsmaßnahmen
   (1) Wer einer Vorschrift der Arbeitszeitordnung oder einer auf Grund der Arbeitszeitordnung ergangenen Verordnung oder Anordnung zuwiderhandelt, wird mit Geldstrafe bis zu einhundertfünfzig Reichsmark oder mit Haft bestraft.
   (2) In besonders schweren Fällen ist die Strafe Gefängnis und Geldstrafe oder eine dieser Strafen.

Nun verlief diese zunehmend rationellere Nutzung der Zeit im Produktionsprozeß nicht ohne Widerstand der Betroffenen.

Man kann ihn – speziell im letzten Jahrhundert – aus Fabrikordnungen erschließen, die Kampfschriften gegen die Verstöße bezüglich regelmäßiger Arbeitszeit, Pünktlichkeit und Ausdauer ähneln. Auch die List und die Phantasie, mit der viele Arbeiter und Angestellte sich heute zusätzliche Pausen verschaffen, zeigt etwas von dem Widerstand gegen eine betrieblich-industrielle Organisation von Zeit. Er reicht von bewußten, gezielten und kämpferischen Aktionen bis zu vor- und unbewußten Reaktionen. Zu letzteren gehört die »Flucht in die Krankheit« und – häufig mit schlimmen Folgen fürs Individuum – der Arbeitsunfall. Darauf wird üblicherweise – an den Symptomen kurierend – durch verschärfte Sicherheitsregeln reagiert. Aber:

Der Betriebsunfall tritt dort ein, wo der Mensch von seiner Bestimmung als homme machine abweicht, wo er nicht mehr in Übereinstimmung mit dem kausalen Mechanismus, den er steuert, handelt, wo er sich ihm gegenüber selbständig zu machen versucht durch Unaufmerksamkeit, Ermüdung, Schlaf, Beschäftigung mit nichtmechanischen Dingen. (*Jünger* 1946, S. 99)

Der Unfall, die Krankheit ist in vereinzelten Fällen die einzige den Individuen noch zur Verfügung stehende Möglichkeit, sich im Bereich der Arbeit als Subjekt geltend zu machen; es ist dies allerdings eine gefährliche Form, sich gegen drohende fremdbestimmte Fragmentierung der Zeit und die Gleichförmigkeit des Taktes aufzulehnen.

Eigensinn zu realisieren und zu demonstrieren, ist nur gegen die Strukturen möglich und dies auch immer weniger. Vom »blauen« Montag der Frühindustrialisierung (dem Feiertag des Individuums) zur zusätzlichen Zigarettenpause auf der Toilette heute – auch dies ist eine zunehmende Rationalisierung von Widerstandsformen gegen die Fremdbestimmung von Zeit während der Erwerbsarbeit.

Ein längeres Zitat aus der erfahrungsgesättigten Schrift von *Marcenaro/Foa* mit dem Titel »Tempo, Tempo« macht deutlich, wieviel Phantasie heute mobilisiert werden muß (und auch mobilisiert wird), um Zeitreserven zu schaffen (und Arbeitsvermögen zurückzuhalten) und hierdurch (stillen) Widerstand gegen die Zeitzwänge zu demonstrieren. Dies erinnert an das Bedürfnis der Individuen nach der Rückgewinnung einer anderen Zeitstruktur.

Der Arbeitsprozeß ist für die Produktionsarbeiter in ungeheuer kurze Taktzeiten untergliedert. Diese für jeden Handgriff bemessenen Zeitabschnitte schwanken durchschnittlich zwischen fünf und dreißig Sekunden (nimmt man die Kollegen, die in der Profilierung beschäftigt sind, aus). Diese extreme Untergliederung der Zeit in unendlich viele Bruchteile, die sich nicht unterscheiden lassen, diese Produktion von unendlich vielen Stücken pro Kasten nimmt dem Arbeiter jede Kontrollmöglichkeit, er kann die einzelnen Schritte des Arbeitsprozesses nicht mehr erkennen. So erscheint ihm auch die Arbeit, die er zu bewältigen hat, unendlich.

Die persönlichen Strategien zur Zeitkontrolle, die Versuche, die Zeit meßbar zu machen und in ihrem Ablauf wahrzunehmen, sind ziemlich verschieden. In die scheinbar glatte Wand der acht Arbeitsstunden schlägt jeder Arbeiter seine Haken, sucht sich an ihnen hochzuziehen und schafft sich Nischen, in denen er sich ausruhen kann, damit er das Ende des Tages heil erreicht. Viele Kollegen, auch ich übrigens, gehen nicht etwa auf die Toilette oder Kaffee trinken, wenn sie das Bedürfnis dazu haben, sondern wenn sie eine Pause geplant haben, die eine regelrechte Teiletappe des Arbeitstages darstellt.

Andere Etappen lassen sich etwa durch eine bestimmte Stückzahl festlegen oder durch einen Kasten, der mit einem neuen ausgetauscht wird, wenn er leer ist. In dem neuen Kasten mögen dieselben Teile wie in dem alten sein, aber um ihn auszutauschen, muß man erst den Karren suchen, die bearbeiteten Stücke wegbringen, einen vollen Kasten suchen; der durch die Maschine bestimmte Arbeitsrhythmus wird unterbrochen, und für ein paar Minuten bewegt man sich anders als vorher. Wichtiger als die physische Erholung erscheint mir dabei jedoch die psychologische Wirkung, daß die einzelnen Zeitabschnitte, die normalerweise ganz unwichtig wären, eine besondere Bedeutung gewinnen.

(Marcenaro/Foa 1982, S. 64)

Eine Kampagne gegen Faulenzer und Bummelanten hat der philippinische Präsident Marcos angeordnet. Dazu zählt er zeitungslesende und schwatzhafte Beamte. (Reuter)

Süddeutsche Zeitung

Unruhiges Örtchen

In der Abfüllfabrik der Firma White Horse Whisky in Glasgow waren die weiblichen Angetellten am Donnerstag weiter im Streik. Die Frauen hatten Anfang der Woche die Arbeit niedergelegt, weil die Betriebsleitung dazu übergegangen war, die Zahl der Toilettenbesuche während der Arbeitszeit zu kontrollieren. Ein Sprecher der White Horse Distillers Ltd. erklärte, daß man sich wegen eines Produktionsrückganges entschlossen habe, „das übermäßig häufige Verschwinden aufs Klo zu überprüfen". Den Vorschlag, diese Kontrollen auf nur zwei Bereiche des Betriebs zu beschränken, lehnten die empörten Frauen ab. Auch die Versicherung, daß nur die Häufigkeit der Toilettenbesuche, nicht aber derer Dauer überprüft werden solle, vermochte die Streikenden nicht zu beruhigen.

(AP)

Süddeutsche Zeitung

Der zappelnde Nichtstuer

Da erzählen sich die Leute immer so viel von Organisation (sprich vor lauter Eile: »Orrnisation«). Ich finde es gar nicht so wunderherrlich mit der Orrnisation.

Mir erscheint vielmehr für dieses Gemache bezeichnend, dass die meisten Menschen stets zweierlei Dinge zu gleicher Zeit tun. Wenn einer mit einem spricht, unterschreibt er dabei Briefe. Wenn er Briefe unterschreibt, telefoniert er. Während er telefoniert, dirigiert er mit dem linken Fuss einen Sprit-Konzern (anders sind diese Direktiven auch nicht zu erklären). Jeder hat vierundfünfzig Ämter. »Sie glauben nicht, was ich alles zu tun habe!« – Ich glaubs auch nicht. Weil das, was sie da formell verrichten, kein Mensch wirklich tun kann. Es ist alles Fassade und dummes Zeug und eine Art Lebensspiel, so wie Kinder Kaufmannsladen spielen. Sie baden in den Formen der Technik, es macht ihnen einen Heidenspass, das alles zu sagen; zu bedeuten hat es wenig. Sie lassen das Wort, ›betriebstechnisch‹ auf der Zunge zergehn, wie ihre Grosseltern das Wort ›Nachtigall‹. Die paar vernünftigen Leute, die in Ruhe eine Sache nach der anderen erledigen, immer nur eine zur gleichen Zeit, haben viel Erfolg. Wie ich gelesen habe, wird das vor allem in Amerika so gemacht. Bei uns haben sie einen neuen Typus erfunden: den zappelnden Nichtstuer.

Kurt Tucholsky

Exkurs: »Das Ding ist das Maß aller Menschen«

Zeitrationalisierung im Betrieb

Arbeit wurde im Mittelalter, wie Dokumente unzweifelhaft belegen, nicht als etwas Erstrebenswertes, als etwas besonders Wertvolles und auch nicht als »Gottes-Dienst« erlebt und verstanden. Arbeit war, wie in vielen sog. »Entwicklungsländern« noch heute (und auch tendenziell in den ärmeren Ländern der EG), notwendig zur Lebenserhaltung und dabei häufig notwendiges Übel (sozusagen eine Folge des Sündenfalls). Die Herkunft des Wortes »Arbeit« – vom germanischen *»arbejo«* = ich bin ein verwaistes Kind (und deshalb genötigt mühevoll zu arbeiten) – erinnert daran, daß Arbeit auch Mühe und Unglück ist.

Eine allmähliche Änderung in der Wertschätzung der Arbeit hängt deutlich mit dem Aufstieg des Stadtbürgertums, des Handwerker- und Handelsstandes zusammen. In einer Sammlung von Sinnsprüchen über die Arbeit häufen sich die positiven Beispiele etwa seit Anfang des 15. Jahrhunderts. Bei *Thomas a Kempis* heißt es (um 1410 in seiner *»Imitatio Christi«):* »Was suchst Du nach Ruhe, da Du zur Arbeit geboren bist? – Ohne Arbeit gelangst Du nicht zur Ruhe, ohne Kampf nicht zum Sieg.« (...) Und bei *Luther* finden wir schließlich den sinnigen Vergleich: »Der Mensch ist zur Arbeit geboren, wie der Vogel zum Fliegen.« *(Fetscher 1983, S. 56/57)*

Solche Hinweise, die ja letztlich als Aufforderungen zu verstehen sind, »sich an die Arbeit zu machen«, sind heutzutage kaum mehr notwendig. Vielmehr ist das eingetreten, was *Nietzsche* vorhersah:

Ja es könnte bald so weit kommen, daß man einem Hang zur *Vita contemplativa* (...) nicht ohne Selbstverachtung und schlechtem Gewissen nachgäbe. – Nun! Ehedem war es umgekehrt: die Arbeit hatte das schlechte Gewissen auf sich.

Nicht die Arbeit, sondern die Arbeitssucht war für *Lafargue*, den Schwiegersohn von *Karl Marx*, das zu bekämpfende Problem. Aber sein Eintreten für ein »Recht auf Faulheit« hatte keinen Erfolg:

Eine seltsame Sucht beherrscht die Arbeiterklasse aller Länder ...

Es ist die Liebe zur Arbeit, die rasende, bis zur Erschöpfung der Individuen und ihre Nachkommenschaft gehende Arbeitssucht.

Auf der Grundlage einer solch hohen Wertschätzung von Arbeit konnten Tendenzen im Arbeitsprozeß gestützt und gefördert werden durch die menschliche Natur, Bedürfnisse, Wünsche, Hoffnungen usw. eben alles das, was zur Subjektivität des Individuums gehört, zugunsten einer instrumentellen Optimierung des Arbeitsablaufes (und möglichst hohen Gewinnes) geopfert wurden. Diese Formierung des Individuums wurde nirgends deutlicher als in *Taylors* »Time and motion studies«. Der amerikanische Staatsbürger Taylor hat die Marxsche Überlegung, daß alle Ökonomie sich schließlich in der Ökonomie der Zeit auflöst, konsequent vertreten und ebenso nachdrücklich auf seine Weise in die Praxis umzusetzen versucht.

Taylor war nicht der Erfinder der Zeitökonomie im Arbeitsprozeß, sicher jedoch ihr einflußreichster und am wissenschaftlichsten arbeitender Vertreter. »Bessere und billigere Arbeit aus einer Maschinenfabrik herausziehen zu können«, dies war das Ziel seiner Anstrengung (zit. nach *Spitzley* 1980, S. 24).

Dabei galt sein Kampf dem »Sich-drücken-vor-der-Arbeit«, das er u. a. aus einem angeborenen Instinkt und einer natürlichen Neigung des Menschen, nicht mehr als unumgänglich notwendig zu arbeiten, ableitete. Taylors Kampf war primär ein Kampf gegen die menschliche Natur. Sein ausgearbeitetes wissenschaftliches Leistungssystem fand in der Normierung der Produktionsmittel, in der Standardisierung menschlicher Bewegungen und des Arbeitspensums sowie in den *Zeitstudien* seine wichtigsten Elemente. Die Zeitstudien hatten den Zweck, optimale Bewegungsabläufe zu ermitteln und diese in Zusammenhang mit dem Arbeitspensum als für die Arbeiter verbindliches wissenschaftliches Gesetz zu postulieren und praktisch im Betrieb durchzusetzen.

Diese durch die Stoppuhr *einzig* nach dem Kriterium *Zeitersparnis* gefundene »beste Möglichkeit« wird »zur Norm und bleibt Norm, bis sie ihrerseits wieder von einer schnelleren und besseren Serie von Bewegungen verdrängt wird.
Zeitersparnis ist das Leitmotiv nicht nur bei der Normierung der Betriebsmittel, sondern auch des menschlichen Arbeitseinsatzes. Jede Teilbewegung, das vorgeschriebene Arbeitspensum, die Aus-

wahl der Arbeitspersonen, Arbeitsvergütung und Arbeitsunterweisung werden auf der *Grundlage* der mit der *Stoppuhr* ermittelten Daten festgesetzt und vollzogen. *(Spitzley* 1980, S. 33)

»Time is money« – der Mensch ist personifizierte Arbeitszeit. (Konsequenterweise erhielten daher auch »verdiente Arbeiter« bei langer Betriebszugehörigkeit ehemals eine goldene Uhr vom Unternehmer geschenkt.) Die Arbeitsunterweisung, so Taylor, ist das effektive Mittel, die notwendige Disziplinierung der Arbeitenden durchzusetzen. Ziel war dabei: die Verinnerlichung der standardisierten zeitsparenden Bewegungen, bis diese schließlich und endlich mechanisch ausgeführt werden können.

Die menschliche Arbeitskraft wurde von Taylor mit einer bis dahin unbekannten Systematik über die Funktionalisierung der Zeit im Interesse einer Steigerung der Arbeitsleistung organisiert und kontrolliert. Menschlichen Eigensinn, z. B. sichtbar in individueller und selbstgesteuerter Pausenregelung, bekämpfte er systematisch. Dies jedoch unter Berücksichtigung der gesundheitsschädigenden und letztlich leistungsmindernden Grenzen der Belastbarkeit. Sichergestellt werden sollte, »daß während der zur Arbeit bestimmten Zeit wirklich gearbeitet und während der Ruhepausen wirklich

geruht wird, d.h. es soll eine scharfe Grenze gezogen werden und nicht beides gewissermaßen gleichzeitig geschehen« (zit. nach *Sperling* 1983, S. 27).

Obgleich *Lenin* im Taylorismus ein »wissenschaftliches System zur Schweißauspressung« sah, wurde bereits Anfang der zwanziger Jahre auch in der Sowjetunion die rationelle Nutzung und die »Verdichtung« der Zeit im Produktionsprozeß einer der wichtigsten Grundsätze – und damit auch Anlaß für eine zentralgesteuerte Kampagne zum »Zeitsparen«. Die treibende Kraft war *Alexej Gastev*, Leiter des »Zentralen Arbeitsinstitutes« in Moskau. Seine Idee eines Tayloristischen Aufbaus der Sowjetunion gipfelte in der Vorstellung einer Verschmelzung des Menschen mit der Maschine: »Die Maschinen«, so Gastev, »sind nicht länger Objekte der Steuerung, sondern ihre Subjekte« (vgl. dazu *Traub* 1973, S. 146–158).

Gastev stilisierte die Taylorsche »wissenschaftliche Arbeitsorganisation« zum generellen Prinzip mit dem Ziel einer Mechanisierung aller Lebensbereiche. Die Gründung einer Zeitliga, deren Anhänger auf einer sog. »Chronokarte« bis ins Detail ihren Zeitverbrauch notieren mußten, war eines der Mittel, dies zu erreichen.

Was sich Taylor und Gastev wohl in ihren kühnsten Träumen nicht erhoffen konnten, das kann man in der Zeitung lesen:

Hausbau in knapp vier Stunden

Palmer (AP)
Ein Schuß, ein Tusch und 288 Maurer, Zimmerleute und Dachdecker stürzten sich an die Arbeit. Drei Stunden, 53 Minuten und 59,49 Sekunden später war Feierabend und das Haus in Palmer (Alaska) bezugsfertig. Die Möbelpacker brauchten noch einmal vier Minuten, um die Einrichtung an ihren Platz zu schaffen und Rocky und Pat Weldon hatten auf 80 Quadratmetern ein behagliches Heim. Für das Haus hatten 34 Bauunternehmen das Material gestiftet. Den Arbeitern blieb nach vollbrachtem Werk nur ihr Schweiß, der Applaus von 6000 Zuschauern und das Gefühl, einem Rekord-Team anzugehören. Den Arbeitslohn für das insgesamt 200 000 Mark teure Gebäude spendeten sie dem Krankenhaus der Stadt.

Taylor und *Gastev* sind die bekanntesten Repräsentanten – in unterschiedlichen Wirtschaftssystemen – für eine Tendenz, die sich bereits vor ihnen und auch nach ihrer Zeit im Arbeitsbereich abzeichnete: Die Regulierung und die Normierung menschlichen Handelns nach einer zweckrationalen, auf Verwertbarkeit hin orientierten Logik. Die Steigerung der Zuverlässigkeit, der exakten Planbarkeit, der Genauigkeit, der Empfindungslosigkeit und der Standardisierung des arbeitenden Menschen wird auch heute noch über die Bestimmung und die Regulierung der Arbeitszeit zu erreichen versucht. REFA (Reichsausschuß für Arbeitszeitermittlung) und MTM (Methods of Time Measurement) sind heute die bekanntesten Konzepte, mit deren Hilfe Arbeitsvorgänge zeitlich bis ins kleinste Detail gegliedert, koordiniert und auch kontrolliert werden sollen. Dies mit dem Ziel, die enge Anbindung lebendiger (menschlicher) Arbeit an vergegenständlichte (maschinelle) Arbeit zu gewährleisten. Einher geht damit eine meist strukturell abgesicherte Disziplinierung, die auf die Verringerung jener widerständigen Momente hinausläuft, die technologischer Optimierung beim arbeitenden Menschen entgegenstehen. Der Rhythmus wird zum Takt, Spontaneität zum flinken Reagieren. Die Person, so *Adorno*, »zum Meßinstrument, disponibel und ablesbar für die Zentrale«.

Die Eigenschaften, von der echten Freundlichkeit bis zum hysterischen Wutanfall werden bedienbar, bis sie schließlich ganz in ihrem situationsgerechten Einsatz aufgehen. Mit der Mobilisierung verändern sie sich. Sie bleiben nur noch als leichte, starre und leere Hülsen von Regungen zurück, beliebig transportabler Stoff, eigenen Zuges bar (...). In den prompt antwortenden, widerstandslosen Reflexen ist das Subjekt ganz gelöscht. *(Adorno* 1970, S. 309/310)

So nahe verwandt, wie dies die Sprache suggeriert, ist auch die Realität: »Funktionstüchtig« ist identisch mit »funktionssüchtig«. Hätte *Jonathan Swift* nicht zweihundert Jahre vor *Taylor* und *Gastev* seinen Gulliver (1726) geschrieben, man könnte glauben, die Aktivitäten der beiden wären das Vorbild für die Schilderung, die man dem Untersuchungsprotokoll der Liliputaner entnehmen kann, nachdem diese bei Gulliver eine Taschenuhr gefunden hatten:

Und wir nehmen an, daß es sich entweder um irgendein Tier oder den Gott, den er anbetet, handelt; wir neigen eher letzterer Ansicht zu, denn er versicherte uns (...), daß er selten etwas unternähme, ohne es zu Rate zu ziehen. Er nannte es sein Orakel, und daß es ihm die Zeit für jede Handlung seines Lebens ausweise.

Alice im Wunderland

Der Hutmacher unterbrach das Schweigen zuerst. »Den wievielten haben wir heute?« fragte er, sich an Alice wendend; und dabei zog er eine Uhr aus der Tasche, sah sie bekümmert an, schüttelte sie verschiedentlich hin und her und hielt sie sich schließlich ans Ohr. Alice dachte ein wenig nach und sagte dann: »Den Vierten.«

»Zwei Tage geht sie nach!« seufzte der Hutmacher. »Ich habe dir ja gleich gesagt, Butter ist für das Uhrwerk nichts!« fuhr er fort und sah den Schnapphasen böse an.

»Es war aber echte Tafelbutter«, erwiderte der Schnapphase sanft.

»Das schon, aber es sind eben Krümel mit hineingeraten«, murrte der Hutmacher; »warum hast du auch das Brotmesser dazu nehmen müssen!«

Der Schnapphase griff nach der Uhr und schaute sie mißmutig an; dann tunkte er sie in seinen Tee und betrachtete sie nochmals – aber etwas besseres als seine Antwort von vorhin fiel ihm auch dann nicht ein: »Echte Tafelbutter war das nämlich.« Alice hatte ihm neugierig über die Schulter gesehen. »Das ist einmal eine komische Uhr!« bemerkte sie. »Die zeigt ja nur Tage an und keine Stunden!«

»Wozu auch!« brummte der Hutmacher. »Zeigt deine Uhr vielleicht das Jahr an?« »Natürlich nicht,« versetzte Alice schlagfertig, »aber das kommt daher, daß es so lange das gleiche Jahr bleibt.« »Und genau das trifft auch bei meiner zu«, sagte der Hutmacher. Daraus konnte Alice nun gar nicht klug werden.

(*Lewis Carroll*, Alice im Wunderland)

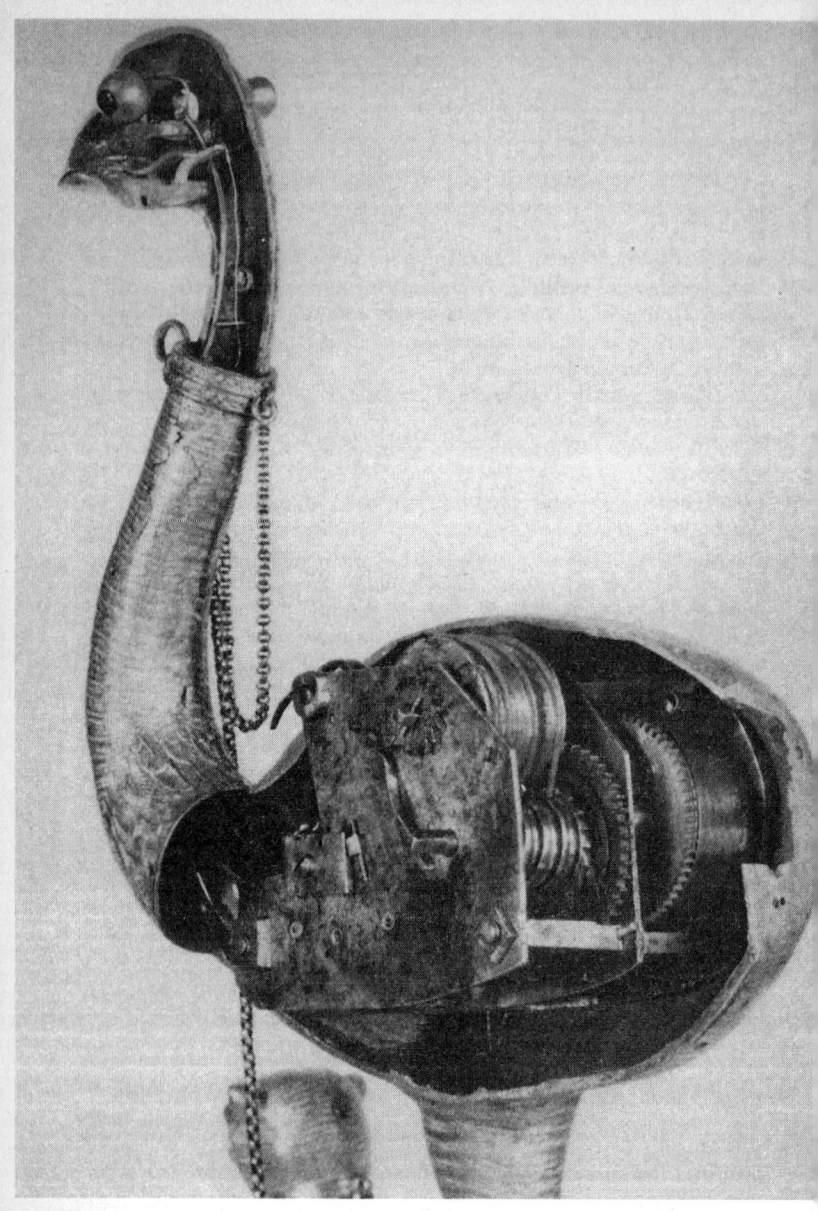

»Du wechselst zu häufig die Zeit.«*
Bildungszeit

Der Siegeszug der ökonomischen Rationalität (vgl. dazu besonders die Schriften von *Max Weber)* macht auch vor dem Bildungsbereich nicht halt. Die »Ökonomie der Zeit« ist zum verinnerlichten Zeitbewußtsein, zur Mentalität, zum Habitus geworden. Ihre Prinzipien bestimmen auch den Bildungsalltag. *Virilio* vergleicht dies treffend mit der Steigerung der Reisegeschwindigkeit im Verkehr und dem Verlust an Erfahrung durch diese Entwicklung:

Wenn Pädagogik ursprünglich die Verbindung des Sinns und des Fußmarsches in den Gärten Akademos' war, wenn die langsame Annäherung einen sinnvollen Zusammenhang zwischen den Elementen der durchschrittenen Welt stiftete, so schieben die hohen Geschwindigkeiten die Bedeutungen ineinander, bis sie sie schließlich ganz auflösen wie das Licht die Farben auflöst. Doch dies Flimmern der Geschwindigkeit führt zum vorübergehenden Erblinden, zum blinden Passagier. *Die Reise wird zur Strategie der Verschiebung, zum reinen Pro-jekt,* zu einem Gleiten des Gefühls, des Takts und der Taktik von der Erfahrung zur strategischen Übung. So kurz sie auch sein mag, die Fahrt von einem Ziel zum anderen, von einer Stadt zur anderen, wird zum bloßen Unwohlsein des Wartens auf die Ankunft, die Weltreise wird zur Herzbeschwerde.
Dieses Unbehagen ähnelt einer Desorientierung, bei der der Schwindel (der Streß) die ersten Wirkungen einer Depersonalisierung anzeigt, an der das Fortbewegungsmittel Schuld trägt.
Das Fahren erzeugt Übelkeit (See-, Luft-, Reisekrankheit), so als schlüge das Zusammenschieben der Bedeutungen direkt auf den Magen. (1978, S. 25/26)

Die Überlagerung der Bildungszeit (Erziehungszeit) durch die »Zeit der großen Industrie« bleibt nicht folgenlos, nicht problemlos. *Bildung nämlich ist ein langsamer Prozeß.* Die Beschleunigung von Bildungsprozessen bringt nicht notwendigerweise ein Mehr an

---

* Lehreranmerkung in unzähligen Schüleraufsätzen

Erkenntnissen. Ausdruck hierfür ist die Äußerung einer Kursteil-nehmerin in einer Veranstaltung zur beruflichen Fortbildung. Gefragt ob sie etwas gelernt habe, äußerte sie, daß ihr zwar der Gegenstand, um den es ging, noch sehr unklar sei, daß ihre Verwirrung sich jetzt, am Ende des Seminars, jedoch auf einem höheren Niveau darstelle.

Die Bildungssituation unterscheidet sich strukturell, was die Zeit und den Umgang in und mit ihr angeht, von der Arbeitssituation, auch wenn dies, wie so häufig, geleugnet wird. Tendiert das ökonomische Kalkül des Arbeitsprozesses dazu, die zeitliche Unzuverlässigkeit des Menschen durch die gleichmäßige Arbeitslei-stung von Maschinen, Automaten und Robotern zu ersetzen, so ist die pädagogische Situation ohne Menschen, die etwas be- und verarbeiten, nicht vorstellbar. *Die (Zeit-)Logik von Arbeitsprozes-sen unterscheidet sich generell von jener der Bildungsprozesse.* Funktion der industriellen Produktion ist das Erzielen von Mehr-wert bei gleichzeitiger Versorgung der Gesellschaft mit Konsumgü-tern und Lebensmitteln. »Damit diese Funktionen unter der Prä-misse von Gewinnmaximierung durchgesetzt werden können, ist der Produktionsprozeß strukturiert nach dem Prinzip der intensi-ven, kontinuierlichen, porenlosen Ausnutzung der Ware Arbeits-kraft« (*Becker-Schmidt* 1980, S. 714). »Zeit ist Geld«, »keine Zeit verlieren« sind dort die herrschenden Maximen, nach denen techni-sche und daran orientierte soziale Ordnungen gestaltet werden. Der Mensch ist Mittel, nicht Ziel dieser Anstrengungen, die wir »Arbeit« nennen. Zweckrationalität ist das herrschende Prinzip.

Eine der Voraussetzungen von Bildungsprozessen ist *die grund-sätzliche Akzeptanz des Menschen,* des Menschlichen. Auf linearen Zweck-Mittel-Beziehungen allein, wie sie gerade im Hinblick auf Zeitquanten betrieblicher Abläufe symptomatisch sind, kann man einen Bildungsprozeß nicht aufbauen. Ironisch, fast schon wütend, bemerkt *Peter Bichsel,* daß eben dies beim institutionalisierten Bildungsprozeß vielfach vergessen, vernachlässigt und verdrängt wird:

Und zum Lernen braucht es Geduld und Langeweile. Und genau diese Langeweile wird sich diese Schule, die auf diese Wirtschaft und diese Gesellschaft vorbereiten muß, nie leisten können. Und deshalb wird sie auch nur auf Arbeit vorbereiten können und nicht auch auf die Freizeit. Weil echte Freizeit heißt, mit der Langeweile umgehen zu können. Wo kämen wir hin, wenn die Menschen in der Schule lernen würden, mit einem Überfluß an Zeit umzugehen? Der Schaden im gelobten Bruttosozialproduktstaat wäre doppelt, sie würden zu wenig produzieren, und sie würden ihre Freizeit verbringen, ohne zu konsumieren. Wer will das?   (1980, S. 82)

Bildung unterliegt dem menschlichen Lebensrhythmus, der rhythmischen Sequenz äußerer und innerer Naturprozesse. Davon abgelöst kann sie nicht organisiert werden – will sie nicht Subjektivität zerstören.

Die individuelle Selbständigkeit, das Besondere des Individuums und seine Entwicklung und Förderung durch Erziehung muß die Eingebundenheit des Menschen in Natur als zentrales Lebensmoment grundsätzlich akzeptieren, ja muß von ihr ausgehen. Dies schließt ein nur instrumentelles Verhältnis zur inneren und äußeren Natur, wie es das lineare Zeitmodell grundlegt, generell aus.

An der Natur der Betroffenen orientierte Zeitsequenzen betonen speziell die Qualität des je gegenwärtigen Augenblicks, in ihnen wird der Zustand des momentanen Seins anerkannt und die jeweilige Situation nicht nur zum Mittel für überindividuelle, zukünftige Zwecke gemacht. Denn:

Das Leben besteht nicht bloß aus dem Brauchen von mancherlei Mitteln zu verschiedenen Zwecken. Ein solches Leben würde in Verdacht kommen, unter einigen Begehrungen das mannigfaltige Interesse erstickt zu haben. Ein solches ist gewiß nicht das Resultat des uns vorschwebenden Unterrichts.   (*Herbart* 1902, S. 142)

Die Förderung von Subjektivität ist nicht durch eine fabrikmäßige Organisation und den dieser entsprechenden Verkehrsformen zu erreichen. »Zeit verlieren können«, »sich Zeit lassen« sind innerhalb der für Bildung so zentralen Subjektivitätsentwicklung die handlungsleitenden Maximen. Subjektivitätsentwicklung bedeutet: gewähren lassen, Entwicklungsmöglichkeiten geben, Zeit für eigene Entdeckungen, für subjektive Erfahrungen und deren Verarbeitung lassen.

Der Rohstoff des Trägers der Ware Arbeitskraft, der Mensch, kann ohne Umwegsproduktion, ohne qualitative Verdichtung von lebensgeschichtlichen Entwicklungsstufen (Reife, »Zeit totschlagen«, freie Zeit, in der man sich verliert, Regression und Entspannung, Erinnerung, Passivität usw.) weder erzeugt noch erhalten werden. Für diesen lebendigen, nicht industrialisierbaren Zeitrhythmus gilt allgemein das, was Rousseau von der Kindererziehung sagt: Daß es in ihr nicht darauf ankomme, Zeit zu gewinnen, sondern Zeit zu verlieren. In diesem Sinne kennt qualitative Zeit nicht den Begriff linearen Fortschrittes. Es wäre aber falsch, anzunehmen, daß diese qualitativen Zeitrhythmen, wenn sie nicht den Bestimmungen des Verwertungszusammenhanges folgen, keine festen Strukturen hätten oder nicht auf gesellschaftlicher Stufe organisierbar wären. Ihre organisatorischen Strukturen, die die Beziehungen zwischen Menschen, von Menschen zu ihren Gedanken oder zu ihrer eigenen Vorgeschichte zum Gegenstand haben, werden jedoch durch die verdinglichten Abstraktionen der Verwertungsstruktur verdeckt und an ihrer vollen Entfaltung gehindert.

(Negt/Kluge 1972, S. 48)

Das Subjekt nämlich verfügt nur über sehr begrenzte Anpassungspotentiale gegenüber objektivierten und quantitativen Zeitvorgaben, das zeigen z. B. die Komplikationen bei Schichtarbeitern. In Bildungsprozessen sind diese Möglichkeiten noch wesentlich geringer als in Produktionsprozessen, da sie ja menschliche Natur (immer als bereits sozialisierte Natur verstanden) als Voraussetzung *und* als Ziel gleichermaßen haben.

Der fundamentale Unterschied von Arbeit und Bildung wird besonders deutlich an dem instrumentalisierten Ergebnis von Bildungsprozessen: an den Noten. Güter, das Ergebnis der Produktion, können völlig losgelöst von den Subjekten, die diese erstellt haben, auf dem Markt angeboten und verkauft werden, Noten jedoch bekommen und erhalten, auch in all ihrer Abstraktion vom Subjekt, nur im Zusammenhang mit der jeweiligen Person ihren Wert.

»Denn«, so *Umberto Eco* (1982, S. 233), »das Wissen ist eben nicht wie das Geld, das noch die schändlichsten Tauschhändel physisch unversehrt übersteht. Das Wissen gleicht eher einem kostbaren Kleid, das durch Gebrauch und stolzes Vorzeigen abgenutzt wird.«

Der platzende Knoten und die langen Wege

Bildungsprozesse sind häufig überraschend. Ihre Resultate bleiben immer unsicher. Sie sind eben, obgleich dies manche Unterrichtsplaner und viele Bildungspolitiker nicht sehen (wollen), *nichtlinear*. Sie gehorchen keineswegs einer nur quantitativen Logik, deren herausragendes Symbol die Regelmäßigkeit der mechanischen und der elektronischen Uhr ist. Der Bildungserfolg (Wissen, Können, neue Einstellungen, geändertes Handeln etc.) kann nicht – wie im betrieblichen Produktionsprozeß der Output – schematisch, durch ein Mehr an Zeit, gesteigert werden.

R. Becker-Schmidt schildert die eher verwirrende Logik von Lernvorgängen:

Lernen erfolgt nicht gradlinig-linear; beim Fortschreiten nimmt es notwendige Rückversicherungen vor. Auf der Suche nach Zusammenhängen gerät es auf scheinbare Neben- und Abwege. Solche Umwege brauchen Zeit.

Lernen geht nicht einfach kumulativ vonstatten, sondern in Sprüngen. Das ist doppelt zu verstehen.

Das Sprunghaft betrifft zum einen die je einzelne Lernsituation. Jeder von uns kennt diese Erfahrung bei Problembewältigungen: lange Zeit müht man sich ab, um etwas zu begreifen; der Stoff bleibt spröde und will sich nicht erschließen. Kaum meint man, etwas verstanden zu haben, verwirrt sich alles wieder, sobald man das Problem aus einer anderen Perspektive beleuchtet. Dann wieder öffnet sich mit einmal der Vorhang – man blickt durch. Die Einzelheiten fügen sich plötzlich zusammen, gewinnen Struktur. Man arbeitet jetzt gegen viel weniger Widerstand.　(1983, S. 66 f.)

Die Krisenhaftigkeit von Bildungsprozessen liegt näher bei der Logik des platzenden Knotens, der überraschenden Kristallisation, als bei der des ins Unendliche abgeschossenen, stetig aufsteigenden Pfeiles. Sichtbar wird dies unter anderem dadurch, daß die bürokratisch und ökonomisch organisierten Zeitstrukturen in der Kindererziehung und in der Schule zunehmend auch in der Hochschule und in der Erwachsenenbildung mehr Folgeprobleme produzieren, als daß sie Bildungsprozesse anregen. Je mehr wir meinen, Lernen linear systematisieren zu können, um so mehr liefern wir uns dem Zufall aus. Das Individuum ist eben, wie *Herbart* es charakterisiert, »höckerig«.

Die Diskontinuität von Lernen macht das *Lehren* auch so

schwierig. Lehren muß, bezogen auf den Umgang mit der Zeit, das Experimentieren, Suchen, Tasten, Umher- und Abschweifen, Phantasieren für die Subjektivitätsentwicklung anerkennen, ermöglichen und fördern. Es kommt darauf an, »über eigene Erfahrungen, Interessen, Assoziationen, die man mit der Sache verbindet, auf bestimmte Schlüsselerfahrungen, -kontakte, -begriffe zu kommen. In gewisser Weise ist das ein Versuchsverfahren, an die Sache heranzukommen, mit beträchtlich mehr Umwegen als das additive Verfahren« (*Negt* 1978, S. 7). *Sokrates* hat dies in seinen lehrreichen Gesprächen vorgemacht. Er wurde folgerichtig auch von seinen Gesprächspartnern für »atopos« gehalten, d. h. für nicht einzuordnen, von unvorhersehbarer Originalität.

Grundlegend für einen nach solchen Gesichtspunkten gestalteten Bildungsprozeß ist die Anerkennung des Erziehungsprozesses als Teil des aktuellen Lebens und nicht nur als Vorbereitung auf zukünftiges Leben hin. Erinnert sei hier an *Schleiermachers* Vorlesung von 1826, in der er in eine rhetorische Frage gekleidet eben solches fordert: »Jede pädagogische Einwirkung stellt sich dar, als Aufopferung eines bestimmten Moments für einen zukünftigen; und es fragt sich, ob wir befugt sind, solche Aufopferungen zu machen« (zit. nach *Mollenhauer* 1981, S. 68).

Der zur Zeit dominante Typus der pädagogischen Planung – zweifelsohne durch administrative Vorgaben provoziert –, stoffbezogene Lern- und Zeitquanten sehr eng aufeinander zu beziehen, schränkt die Subjektivität der Betroffenen stark ein. Die Schwierigkeiten der Gratwanderung zwischen einer an gesellschaftlicher Realität und Entwicklung orientierten Planung und einer Planung, die das Verfügbare des Bildungsprozesses, also ihre eigenen Grenzen, anerkennt, können eben nicht administrativ, wie so häufig versucht, gelöst werden. Diese Gratwanderung ist auf praktische Schritte angewiesen, nicht auf technische und strategische, so z. B. indem sie es zuläßt, daß die am Bildungsprozeß Beteiligten ihre subjektiven Zeiten aufeinander abstimmen. Zwar wird auch diese Synchronisation Zeitzwänge produzieren, aber solche, die mit und durch die betroffenen Subjekte zustande gekommen sind und in denen Subjektivität im Zeitkonsens bzw. Zeitkompromiß enthalten ist (vgl. hierzu besonders *Geißler/Kade* 1982). Solche Abstimmungen jeweils subjektiver Zeiten bezeichnen wir als das Herstellen von sozialen Beziehungen. Für den erfolgreichen Bildungsprozeß sind sie eine wichtige, notwendige Voraussetzung. Ohne lange Wege entwickeln sich keine Beziehungen, das zentrale Medium von Erziehung und Bildung.

Die Entwicklung von Beziehungen unterscheidet sich grundsätzlich von der Form der Produktion von Dingen. Beziehungen benötigen Zeit und zwar *Eigenzeiten*. »Es geht um die Zeit, in der einer ausreden kann, um Zeit, die einer verliert; ohne sie entsteht keine Beziehung. Die Zerstückelung von Arbeit- und Freizeit im Industriebetrieb ist das Gegenbild zur intakten Beziehungsarbeit, die Lebenszusammenhang erzeugt« (*Negt/Kluge* 1981, S. 890).

Beziehungen lassen sich nicht berechnend herstellen, es sei denn jene »Beziehungen«, die in der Alltagssprache abwertend als geschäftliche, profitable bezeichnet werden. Es sind berechnende und berechnete Kontakte und Verhältnisse um des Erfolges willen. Sie sind Ausdruck eines nur kalkulatorischen Umgangs mit der Zeit und auch mit den Interaktionspartnern. Sie bestehen so lange, wie sich die Beziehung rentiert. Die Beziehung ist quantifizierbar, sie lebt davon. Im Exkurs über »Zeit und Noten« (vgl. S. 137 ff) wird deutlich, daß die geschäftliche Beziehung zunehmend auch in die Schule einzieht. Jede wirkliche Beziehung jedoch ist eine Zusammenballung von Gefühlen, Hoffnungen, Enttäuschungen, Interessen, Neugierden, Wünschen, Trieben, Freuden, Trauer, die sich eigenlogisch und d. h. auch subjektlogisch entwickelt.*

Man kann Beziehungen nicht übers Knie brechen. Zuneigung, Vertrauen, Interesse brauchen Zeit. Diese menschlichen Ausdrucksformen lassen sich im Tempo nicht reduzieren und auch nicht steigern, ohne die Beziehung mit zu verändern. Don't push the river!

Die Beziehungsrealität, d. h. speziell auch die Erziehungsrealität, stellt sich nicht als chronologisch-lineares Nacheinander von Erlebnissen und Erfahrungen dar. Sie wird durch subjektive Erlebnisse, durch Ahnungen und Assoziationen, durch Phantasien, individuelle Wahrnehmungen und Deutungen geprägt. Verstand *und* Gefühl, Reguliertes *und* Unreguliertes, Ordentliches *und* Unordentliches gehen in die Beziehungsrealität gleichermaßen ein. Die

---

* Vgl. dazu auch »Die Macht der Gefühle« – als Film und als Buch von *A. Kluge* (1984): »Ich glaube, daß alles, was in unserer Welt bewirkt wird, was sich bewegt, letztlich von Gefühlen bewegt wird, daß sie aber keine institutionelle Macht haben. Sie sind überall, man sieht sie nur nicht«. (S. 44)

Normalität einer zweckrational bestimmten Ordnung, wie sie für die Arbeitsabläufe in unseren Betrieben handlungsleitend ist, funktioniert im Erziehungs- und Bildungsbereich nicht, und wenn sie es tut, dann nur mit Gewalt und gegen die Subjekte.

Deutlich und erlebbar wird dies besonders bei der Erziehung von Kindern in der Familie (diese anstrengende Tätigkeit wird daher auch, nach den Prinzipien unserer kapitalistischen Ökonomie, zur unproduktiven Arbeit gezählt). Kinder versinken im Augenblick, sie reagieren spontan, planlos, neugierig und gefühlsbezogen. *Barbara Sichtermann* (1982) spricht von einer »anarchischen Zeitwahrnehmung« kleiner Kinder. Diese »anarchische Zeitwahrnehmung« ist konträr zu unserer »erwachsenen Form«, mit Zeit umzugehen, und sie ist die Ursache für die vielen heftigen Zeitkämpfe zwischen Kindern und Erwachsenen. Kinder drängen Erwachsene »immer wieder in Zeiterfahrungen hinein, in denen unsere überkommenen Kriterien nichts mehr gelten. Dadurch entstehen Situationen, die nicht leicht zu verkraften sind« (S. 122).

Die Zeit der Kinder ist eine anders strukturierte Zeit als die der Erwachsenen. Der Erwachsene hat – leider oft nur im Prinzip und praktisch eben doch nicht – die Wahl, das Kind seiner Zeitstruktur zu unterwerfen oder sich – partiell – der des Kindes anzupassen. Beschreitet er den ersten Weg und verteidigt er einseitig seine Zeit-Auffassung gegen die des Kindes, so stößt er auf einen ungerichteten, aber hartnäckigen Widerstand. Das Kind nämlich hat seinerseits keine Wahl, es kann die Zeiterfahrung und -verarbeitung eines Erwachsenen nicht übernehmen. *(Sichtermann* 1982, S. 132)

Es bleibt die Alternative, sich als Erwachsener an der Zeiterfahrung der Kinder zu orientieren – dies jedoch benötigt wiederum Zeit. Wir als Erwachsene müssen lernen, was wir bereits einmal konnten, als wir selbst Kinder waren: Sich-treiben lassen, umwegiges Suchen, spontanes Abbrechen und neues Anfangen, abschweifen und trotzdem bei der Sache sein. *Chaplin* hat in den »Modernen Zeiten« nicht nur eine bissige Kritik am industriellen Zeitbegriff ins Bild gesetzt, er hat auch die andere Seite gezeigt, die uns beim Ansehen des Filmes sehnsüchtig werden läßt: den Vagabunden, der in der Zeit umherschweift. »Im Grunde fordert uns«, so *Barbara Sichtermann*, »ein Kleinkind dazu auf, mit ihm zu bummeln. »Bummelei« ist als Wort und als Tätigkeit eher negativ besetzt, aber sie ist eine Form des Tuns oder Lassens, die das Leben mit einem Kleinkind uns, wenn wir einen seiner folgenreichsten Konflikte zu mildern suchen, abverlangt« (S. 102).

Dies merkt auch noch der gestreßteste Manager an seinem schlechten Gewissen, mit dem er immer Zeit (und Geld) gewinnt, anstatt diese mit den Kindern zu verlieren: »Ich freue mich irgendwie auf die Zeit, wenn meine Kinder groß sind; dann brauche ich mir keine solchen Vorwürfe zu machen, weil ich mich nicht um sie kümmere« (zit. nach *Linder* 1970, S. 32).

In der Familie und im Kindergarten müssen nicht-industrialisierte Zeitrhythmen, die durch die Bedürfnisstruktur der Kinder vorgegeben werden, gegen gesellschaftlichen Druck verteidigt werden, der eine möglichst frühe Ausrichtung des kindlichen Zeiterlebens am linearen Zeitbegriff forciert. Solche Tendenzen zeigen sich heute weniger in gezielten (z. B. staatlichen) Erziehungsprogrammen. Viel stärker wird der Druck, Zeit zu »gewinnen« anstatt diese zu »verlieren«, durch Alltäglichkeiten geprägt, die dem linearen Zeitmuster folgen. Sogar der Geburtsvorgang wird heute schon manipuliert. Geburten werden u. a. »eingeleitet«, wenn organisatorische Notwendigkeiten in der Klinik es erfordern. Es folgen die durch die Berufstätigkeit der Eltern und die Reduktion der Familie auf die Kleinfamilie notwendigen Termine, zu denen das Essen, das Schlafengehen sowie das Aufstehen erfolgt (erfolgen muß) – obgleich dies häufig quer zu den aktuellen Bedürfnissen der Kinder stattfindet. Stolz sind die Eltern, wenn ihr Kind möglichst frühzeitig »sauber« ist. Die frühe Kindheit endet häufig damit, daß dem Kind, bevor es zur Schule geht, die Uhrzeit beigebracht wird. Elternratgeber, Expertips, Hinweise auf den Packungen für Babynahrung, die Konkurrenz mit den Nachbarn und ihrem gleichaltrigen Kind üben diesen Druck unterschiedlich stark aus. Besonders aber sind es die Lebensbedingungen unserer nach dem linearen Zeitprinzip gestalteten Umwelt, die eine vorindustrielle, auf die spontane und rhythmische Bedürfnisbefriedigung bezogene Zeitorientierung in der Familie kaum zulassen – um welchen Preis?

Der Kampf zweier Ökonomien, wie er z. B. literarisch nachvollziehbar in *Goethes* Werther einander gegenübergestellt wird, ist ungleichgewichtig geworden. Der junge Liebende, der Schwärmende, der im Augenblick lebt, der sich und die Zeit vergeudet, sich und die Zeit gehen läßt (heute wie damals), ist nur mehr ein Exot

einer Gesellschaft, die sich eindeutig an Albert, dem gefühlsdistan-
ziert funktionierenden, ausrichtet, der dem Werther die Leviten
liest: »Teilet Eure Stunden ein (...) Berechnet Euer Vermögen.«
Nirgends deutlicher als in der formal institutionalisierten Erzie-
hungsarbeit, speziell gilt dies für die Schule, zeigt sich sowohl
historisch als auch aktuell, wie weit die Vergesellschaftung jenes
linearen Zeitmodells, das für die Arbeitswelt bestimmend und
erfolgreich wurde, fortgeschritten ist.

Schulstunde

Ding, dong, ding!
Disziplin!
Konzentration!
Der Lehrer!
Noch 35 Minuten.
Noch 34 Minuten.
Noch 33 Minuten.
Noch 32 Minuten.
Noch 31 Minuten.
Noch 30 Minuten.
Zahlen, Daten, Begriffe!
Unbegreifliches!
Noch 20 Minuten.
Noch 19 Minuten.
Noch 18 Minuten.
Noch 17 Minuten.
Noch 16 Minuten.
Noch 15 Minuten.
Du fährst auf einer Schiene!
Du kannst nicht ausbrechen!
Noch 10 Minuten.
Noch 9 Minuten.
Noch 8 Minuten.
Noch 7 Minuten.
Noch 6 Minuten.
Noch 5 Minuten.
Du fieberst dem Ende entgegen!
Die Zeit wird zum Kaugummi!
Noch 4 Minuten.
Noch 3 Minuten.
Noch 2 Minuten.
Noch 1ne Minute.
AAHHH!
Die nächste Schulstunde erwartet dich!

A. Deutscher (Gymnasium, 13. Klasse)

Schul-Zeit

Mit dem Übergang zur mechanischen Zeitrechnung am Ende des Mittelalters und der Veränderung der Wertigkeit von »Zeit« durch die einflußreichen sozialen Gruppen (insbesondere sind dies die Kaufleute, die Handwerker, die Militärs und die Manufakturherren) bekam auch die erzieherische Vorbereitung für die Arbeit einen spezifisch zeitorientierten Aspekt. Zeitdisziplin wurde zu einem wichtigen Lernziel, allerdings kein offen ausgewiesenes. Seit der Einführung der allgemeinen Schulpflicht für alle Kinder und Jugendliche ab Mitte des 18. Jahrhunderts prägt das, was *Ariès* (1975, vgl. S. 363) den »Cartesischen Geist«, »das Bemühen um Ordnung, Regelmäßigkeit, Klassifizierung, hierarchische Gliederung und Organisation« nennt, die »Kultur« pädagogischer Praxis. Bis dahin wurden die Schüler meist altersheterogen unterrichet; d.h. es war unproblematisch, wenn Kinder, Jugendliche und auch Erwachsene gemeinsam lernten. Man hielt es für »selbstverständlich, daß ein lernbegieriger Erwachsener sich unter ein kindliches Auditorium mischte, denn was zählte, war der Unterrichtsstoff, das Alter der Schüler war nebensächlich« (*Ariès* 1975, S. 240).

Was heute in einer umweglosen Gesellschaft als Katastrophe gilt, das Sitzenbleiben in der Schule, galt damals als selbstverständlich und war mit keinerlei Demütigungen verbunden. Die Wiederholung galt nicht als Zeitverschwendung:

Die Lehrer von Sainte-Barbe finden es dagegen positiv, wenn irgendwelche Klassen wiederholt werden. Sie empfehlen es oft, und wenn manche Eltern dagegen auch bereits einen modernen Widerstand zeigen, so sind viele andere mit den Wünschen der Erzieher mehr als einverstanden: »Gratuliere zu dem Entschluß, ihn die Rhetorikklasse wiederholen zu lassen.« Insbesondere die höheren Klassen wurden oft zweimal gemacht, und dies wurde sogar empfohlen. Im Jahre 1807 (...) »ist die Rhetorikklasse des Gymnasiums«, wie man am Sainte-Barbe feststellt, *voll von Veteranen* (...)«. Heute würde man von einer Oberschulklasse, in der die »Sitzenbleiber« in der Mehrzahl sind, nichts Gutes erwarten. Im Jahre 1807 war das Gegenteil der Fall: »Die Rhetorikklasse des Gymnasiums wird auf diese Weise durch Schüler verstärkt, die bereits einige Übung haben«.   (*Ariès* 1975, S. 343/344)

Zu Beginn des 19. Jahrhunderts wurden dann die »Schuljahre« mit jährlicher Versetzung eingeführt, und diese jährliche Versetzung wurde zum Erfolgskriterium. Kleinere und altershomogenere Klassen wurden üblich. »Sitzenbleiben« hieß Erfolglosigkeit, da der Erfolg an den möglichst raschen Durchlauf der zeitlich hierarchisch geordneten Klassen gekoppelt wurde.

War vor der Einführung der Manufaktur eine abstrakte Schulordnung (z.B. hinsichtlich der Zeit) kaum durchführbar und durchsetzbar (da der bäuerliche und handwerkliche Alltag noch sehr eng an äußere Natur und deren Zyklen und Rhythmen gebunden war), so setzte sich im ausgehenden 18. und zu Beginn des 19. Jahrhunderts die an den Arbeitsabläufen der Manufakturen und Fabriken orientierten Zeitordnungen auch in der Schule durch. Es gibt dafür vielfältige Belege. Einer der frühesten stammt von *Leibniz,* der als Privatlehrer nach folgender Zeittafel die Erziehung Phillip Wilhelms von Boineburg in Mainz 1673 organisiert hat:

5 ½ Auffzustehen, sich anzukleiden, und das gebeht zu verrichten.
6 bis 7. Überlesen, was der Sprach-Meister des tages zuvor tractiret oder zu thun geben, umb, wann derselbe komt, schohn eingericht zu seyn.
7 bis 8. Sprachmeister, so pronotiation und orthographi vor allen dingen, und dann traductiones ausm Lateinischen ins Französische, auch zu zeiten ausm Französischen ins Lateinische zu exerciren hat. So kan er auch bisweilen dem Herrn von Boineburg eine Histori in französisch erzehlen, und ihn sich selbe wieder erzehlen laßen.
8 bis 9. Mathematicus, so in fundamentis Arithmeticae et Geometriae Elementaris vor allen dingen nachricht geben wird.
9 bis 10. Meß und Predigt, so die Predigt zu haben.
10 bis 11. und 11 bis 12. Exercitia: Das ist Tanz- und Fechtmeister.
12. Mahlzeit.
1 bis 2. Ruhe, oder discours mit Herrn Heißen und seiner Liebsten, nach der Mahlzeit.
2 bis 3. 3 bis 4. Histori, und Geographi, damit man sowohl die suite der Historiae Universalis, als situation und Grenzen der Lande verstehe, und dann bisweilen auch von Chronologi, Genealogien, und Blason oder Wappen-Kunst etwas faße.
4 bis 5. Kan der Sprach-Meister wieder kommen.
5 bis 6. Khitarr-Meister.
6 bis 7. zu eigner disposition und lesen, eines Nützlichen und zugleich annehmlichen Buches.

NB. Es kan zu zeiten 5 bis 7. zu Besuchung einer Comoedi angewendet werden.
7 bis 8. AbendMahlzeit.
8 bis 10. etc. Ist zu discours, recapitulation des begriffenen, execution deßen, so die obgedachten Sprach- und andere Meister auffgetragen, oder nach gelegenheit, zum lesen eines divertirenden, und dabey nützlichen Buches zu gebrauchen.

(Vgl. *Leibniz* 1923, S. 322)

Das, was bei Leibniz strukturell verankert ist, fordert *Sextra* am Ende des 18. Jahrhunderts explizit, daß nämlich,

religiöse Gesinnungen, Arbeitsamkeit und Fleiß nicht nur gelehrt, sondern die Kinder auch dazu angeführet werden, solche Gesinnungen, Arbeitsamkeit und Fleiß auf der Stelle zu beweisen; so darf endlich, so viel möglich, hier keine Minute in unthätiger Muße oder zweckloser Zeitanwendung verstreichen.   (nach *Dreßen* 1982, S. 183)

Etwa zur gleichen Zeit mahnte *Christian Felix Weiße*, der Herausgeber des moralischen »Wochenblattes für Kinder«:

Ein, zwey oder noch mehr Stunden später aufstehen, verrückt auf einmal die Ordnung des ganzen Tages, und hat gleich einen Einfluß auf eine ganze Woche, einen Monat, ich möchte fast sagen, auf das ganze übrige Leben; denn die zwey, drey oder mehr verschlafenen Stunden sind doch nie wieder einzubringen.   (nach *Dreßen* 1982, S. 184)

Die damals nur mit vielen Widerständen durchsetzbare Zeitdisziplinierung, ansonsten hätte man nicht soviel explizite Regeln und Ermahnungen dafür formulieren müssen, wurde unterstützt durch Pausenregelungen und bauliche Maßnahmen. So mußte z.B. die Notdurft in den dafür eingeführten Pausen verrichtet werden, nicht, wenn sich das aktuelle Bedürfnis einstellte. Baumaßnahmen, z.B. das Anbringen der Fenster in großer Höhe, sollten vor Zerstreuung durch das spontane Hinausschauen abhalten.

Dieses negative Prinzip des Nicht-Müßigganges, das solcher Zeitregulierung zugrundeliegt, sieht *Foucault* besonders in den Elementarschulen realisiert:

In den Elementarschulen wird die Zeiteinteilung immer strenger; die Tätigkeiten werden aus nächster Nähe von Befehlen umdrängt, denen unmittelbar zu entsprechen ist: »Am Ende der Stunde schlägt ein Schüler die Glocke, und beim ersten Schlag knien die Schüler nieder, kreuzen die Arme und schlagen die Augen nieder. Nach dem Gebet gibt der Lehrer ein Zeichen, um die Schüler aufstehen zu heißen, ein zweites, um sie den Gruß Christi sprechen zu heißen, und ein drittes, damit sie sich setzen.« Zu Beginn des 19. Jahrhunderts schlägt man für die Schule mit wechselseitigem Unterricht folgenden Stundenplan vor: »8.45 Eintritt des Monitors, 8.52 Ruf des Monitors, 8.56 Eintritt der Schüler und Gebet, 9 Uhr Einrücken in die Bänke, 9.04 erste Schiefertafel, 9.08 Ende des Diktats, 9.12 zweite Schiefertafel usw.« Die fortschreitende Ausweitung der Lohnarbeit führt ebenfalls zu einer zunehmenden Verengung des Zeitgitters: »Sollten die Arbeiter über eine Viertelstunde nach dem Glockenschlag erscheinen ...«; »wer während der Arbeit gefragt wird und mehr als fünf Minuten verliert ...«; »wer zur festgesetzten Stunde nicht bei seiner Arbeit ist ...«. Man sucht aber auch die Qualität der Zeitnutzung zu gewährleisten: ununterbrochene Kontrolle, Druck der Aufseher, Vermeidung aller Quellen von Störung und Zerstreuung. Es geht um die Herstellung einer vollständig nutzbaren Zeit. (1977, S. 193)

Schule wurde zur Lernmaschine, Effektivität zum Organisationsprinzip. »Zeit« war das Medium, in dem die Rationalität der Organisatoren zum Ausdruck gebracht wurde. An Zeitquanten konnten Erfolge und Mißerfolge der Lernenden (kaum jedoch der Lehrenden) festgemacht werden.

Dieser Zeitdisziplinierung, die im Körper der Lernenden eingerichtet wird, liegt die Ökonomie der Machbarkeit, der Zweckrationalität und der Funktionalität zugrunde. Sie ist das wichtigste Mittel, individuelle und soziale Verhaltensweisen zu regulieren, zu »linearisieren«. Mit der zunehmenden inhaltlichen und strukturellen Ausrichtung der Erziehungssituationen an der Ökonomie optimaler Zeitnutzung beginnt (bzw. verschärft sich) der Kampf um die Zeit. Die Zeit wird zum Feind. Keine Zeit zu haben bzw. haben zu dürfen, gehört zum Pädagogendasein.

Als historisches Vorbild wirkt jene mechanische Entwicklung, die die Zeit in inhaltslose und beliebige Sequenzen aufteilt, die Uhr:

Die Kunst des Lehrens erfordert also lediglich eine kunstgerechte Anordnung von Zeit, Stoff und Methode. Wenn wir diese genau treffen können, so wird es nicht schwerer sein, die Schuljugend in noch so großer Zahl in allem zu unterrichten, als wir mit Hilfe der Werkzeuge, die in der Buchdruckerkunst zu Verfügung stehen (...). Und alles wird ebenso leicht und bequem vonstatten gehen wie die Uhr geht, wenn sie von ihrem Gewicht gehörig in Schwung gehalten wird; und es wird so wohltuend und angenehm gehen, wie es wohltuend und angenehm ist, ein solches selbsttätiges Getriebe zu beobachten; und es wird mit solcher Sicherheit endlich gehen, wie sie nur bei irgendeinem so kunstvollen Instrument erzielt werden kann. Wir wollen also im Namen des Höchsten eine solche Gestalt der Schulen zu schaffen versuchen, daß sie einer kunstreich gefertigten und kostbar verzierten Uhr auf das genaueste entspricht.

(*Comenius* 1957, S. 102f.)

Comenius, einer der Väter der Pädagogik, greift die Uhrenmetapher auf, die als Ideal für das konfliktlose Funktionieren des Staatswesens von den herrschenden absoluten Monarchen gerne bemüht wurde: den gefühllosen Takt der Uhr als Maßstab für den Akt des Lehrens und Lernens. Im Frontalunterricht, gesteuert durch Glokkenschläge, Pfiffe und Befehle findet dies seinen markanten Ausdruck:

Die Bell-Lancaster-Schulen perfektionierten das Befehlssystem; zu einem normalen Schultag gehörten durchschnittlich 200 Kommandos, alle drei Minuten ertönte die Pfeife oder die Klingel. Und sie perfektionierten das Zeitraster: »8.45 Uhr Erscheinen der Gehilfen im Schulsaal. 8.52 Uhr Appell. 8.55 Uhr Eintreten der Schüler, Gebet. 9 Uhr Platznehmen in den Bänken. 9.04 Uhr erste Tafelübung. 9.08 Uhr Ende des Diktats. 9.12 Uhr zweite Tafelübung usw.

(nach *Drechsel* 1977, S. 80)

Dies ist der Takt der Produktion in den Betrieben: Marschieren, ohne sich von der Stelle zu bewegen. Alles dies nannte sich (und nennt sich heute auch noch) »Schule«, ein Begriff, der sich vom griechischen »scholè« herleitet und der ursprünglich den Bedeutungsinhalt von »Muße« hatte. Kein Wunder, daß es auch warnende Stimmen gab, die diesem Trend zur »pädagogischen Maschine« *(Dreßen)* Einhalt gebieten wollten. *Pestalozzi* kritisierte »die tote Kunst der Ausübung einzelner mechanischer Fertigkeiten«, während (bereits 1543) *Rabelais* den Zwang der Uhr in den Klöstern abschaffen möchte:

Und weil in den Klöstern dieser Welt sonst alles abgezirkelt, eingeteilt und nach Stunden geregelt ist, ward verordnet, daß dort keinerlei Uhr oder Zifferblatt vorhanden sein dürfe, sondern alle Verrichtungen sollten je nach Umständen und Gelegenheiten zugewiesen werden. Denn, so sagte Gargantua, die einzig wahre Zeitverschwendung sei es, die Stunden zu zählen. Was schaue dabei schon heraus? Und das Unverständigste auf der Welt sei, sich nach dem Glockenschlag zu richten und nicht nach dem, was einem Verstand und Einsicht eingäben. (1968, S. 52)

Kerschensteiner, sicher nicht im Verdacht ein eifriger Verfechter einer auf Muße hin orientierten Bildung zu sein, sah sich durch die zunehmende Ausrichtung der Schule auf die Arbeitswelt hin zu einer eindrücklichen Warnung verpflichtet: »Eine Schule, die keine Minute des Tages ein anderes Interesse zu wecken sucht, als das Erwerbsinteresse ... (kann) kaum eine Erziehungsstätte für staatsbürgerliche Tugenden sein« (zit nach *Ludwigsen* 1981, S. 80). Diese Mahnungen jedoch haben die Entwicklung zu einem immer perfekteren System der fremdbestimmten Zeitorganisation, der Berechenbarkeit, der zweckrationalen Nützlichkeit, nicht aufgehalten.

Konnte noch 1802 der Kurfürst *Max Joseph IV*. von Bayern in einer Verordnung bestimmen, daß die Schule vom 1. Mai bis zur Erntezeit jeden Tag nur vier Stunden dauern sollte (»damit in diesen Sommermonaten die Kinder ihren Eltern zur nöthigen Arbeit brauchbar seyen«) und begann bis in unser Jahrhundert in manchen Gegenden die Schule im Winter eine Stunde später als im Sommer, so sind heute solch jahreszeitliche und lokale Unterschiede weitgehend verschwunden.

Zeitdisziplinierung und Zeitkontrolle sind soweit bei Lehrenden und Lernenden im Körper eingerichtet, daß auf sichtbaren Zwang heute verzichtet werden kann. Der sog. »Sachzwang«, gesellschaftlich und individuell als legitim anerkannt, hat den inzwischen verpönten direkten und personell sichtbaren Druck abgelöst. Um in der Metapher zu bleiben: Die Uhr hat keine Zeiger mehr, die »Unruhe« ist überflüssig geworden. Die sog. »Kopfnoten« in den Zeugnissen früherer Jahre (Ordnung, Aufmerksamkeit, Fleiß) drückten noch die je subjektiv unterschiedlichen Anstrengungen aus, mit denen u. a. auch die Zeitdisziplinierung erreicht (bzw. weniger erreicht) wurde. Solches ist heute nicht mehr notwendig, daher sind diese Noten auch weggefallen, denn das heutige Sozialisationspotential der pädagogischen Institution und der pädagogischen Situation setzt solche Disziplin auch ohne Noten und deren Druck durch. Die Betroffenen müssen hierfür keine besonders nachweisbaren Tugenden mehr entwickeln. Der genaue Busfahrplan, nach dem die Schüler in der Frühe abgeholt und Mittags nach

Hause gefahren werden, erzieht in viel stärkerem Maße zur Zeitdisziplin als dies ein Lehrer jemals hätte tun können.

Die Aneignung einer Lebensform (Habitus), die dem linearen Zeitverständnis entspricht, ist zum »heimlichen Lehrplan« geworden. Der Erfolg dieses Lehrplans ist, im Gegensatz zu vielen nichtheimlichen, offensichtlich. Die Bildungsinstitutionen, speziell die öffentlichen Schulen, sind an jenen technischen und administrativ-organisatorischen Anforderungen ausgerichtet, die unser System hochindustrialisierter Arbeit entsprechen. Die betroffenen Subjekte werden auf diese Erwerbsarbeit hin und auf die Zivilisation in der diese eingebettet ist, in ihrem Persönlichkeits- und Sozialcharakter (de-)formiert*.

Sehen wir uns diesbezüglich den Tagesablauf eines Schülers an: Mit dem Aufwachen bzw. dem Aufschrecken durch den Wecker beginnt für den Heranwachsenden der Tag. Damit fängt auch die symbolische Unterordnung der subjektiven Bedürfnisse (hier: des Schlafbedürfnisses) unter die Zeit der äußeren Uhr an.

Dies hat seine Fortsetzung: Die Verkehrsbetriebe orientieren sich an einem Fahrplan, der mit dem des Subjektes wenig gemeinsam hat. Die Dauer des Frühstücks und die Qualität der sozialen Beziehungen während des Frühstücks richten sich an der Zeitökonomie von Verkehrsanschlüssen aus.

Beim Betreten des Schulgebäudes werden Lehrer und Schüler durch akustische und visuelle Zeichen an die objektivierte Zeit erinnert. Das laute Klingeln zum Schulbeginn und die nicht zu übersehende Normaluhr am Schulgebäude erledigen dies.

Der Unterricht beginnt pünktlich: Lehrer und Schüler sind zur Pünktlichkeit verpflichtet. Zu spät kommende Schüler (weniger hingegen zu spät kommende Lehrer) werden bestraft, teilweise wieder mit Hilfe der Zeit (Nachsitzen). Dies selbstverständlich nur beim Fehlen einer akzeptablen Entschuldigung – wobei subjektive Zeitbedürfnisse eben nicht als Entschuldigungsgrund gelten. Akzeptiert wird z. B., daß der Zug Verspätung gehabt hat, nicht jedoch das subjektive Gefühl, noch gar nicht genügend lernfähig zu sein.

---

* Bei *Bourdieu/Passeron* (1971) ist detailliert nachzulesen, daß die symbolische Gewalt der Bildungsinstitutionen u. a. auf die Zeitbedürfnisse des Arbeitslebens ausgerichtet ist.

Soweit die Eintrittsbedingungen für ein Gebiet, das *de Grazia* (1962) »Clockland« nennt. Lehrer und Schüler sind auf eine »Zeitschiene« gesetzt und ihre Freiheit besteht nur mehr darin, ab und zu ein Signal zu ignorieren – mit häufig sehr unangenehmen Folgen, wie man sie aus seiner eigenen Schulzeit ja kennt.

Der »Zeitexpreß« kommt jetzt richtig in Fahrt: mag sein, daß die Spurbreite, auf der er dahinbraust, nicht überall gleich ist – die Zukunft weist eindeutig in Richtung »Schmalspur«. Und so sieht dies dann aus:

Der Unterricht ist vorab zeitlich in Portionen zu 45 Minuten zergliedert. Die Pause liegt hinsichtlich des Zeitpunktes und der Dauer fest, sie findet für alle Klassen und alle Schüler/Lehrer »gleichzeitig« statt. Lehrinhalte sind einzeln vorher festliegenden Zeitsequenzen (Unterrichtsstunden) zugeordnet, und daran orientiert ist der Aufenthalt der Lehrer in der jeweiligen Klasse, also die Beziehungsdauer zwischen den Lehrern und den Schülern. Der Lehrer hat den Unterricht, also »seine« 45 Minuten, in den meisten Fällen weiter in einzelnen Zeitportionen zerlegt (wenigstens wird ihm dies in seiner Ausbildung beigebracht, und daß er so unterrichtet, wird auch von seinen Vorgesetzten erwartet).

Der Kampf um die Zeitdisziplin:

Klassenbucheintragungen

… kommt ohne ein Wort verspätet in den Unterricht und setzt sich auf seinen Platz.

… fehlte in der 5. Stunde, weil er sich mit seiner Freundin zum Sonnen verabredet hatte.

… verließ ohne Erlaubnis der Lehrkraft vorzeitig den Unterricht.

… sitzt nach, da er wortlos den Unterricht vorzeitig verläßt und den Filmraum nicht aufräumt.

… wurde 5 Minuten früher aus dem Unterricht entlassen, um ihn vor den Klassenkameraden zu schützen.

… verläßt den Unterricht durch das offene Fenster (Tadel).

… riß sich auf dem Weg ins Büro los und verschwand spurlos.

… stört durch lautstarkes Erzählen und unanständige Redensarten.

… las bis 12.15 Uhr Zeitung und arbeitete nicht mit.

Schulglocke stört den Schlafrhythmus

Vater klagt auf späteren Unterrichtsbeginn für seinen neunjährigen Sohn

Schleswig (dpa)

Der Vater eines neunjährigen Schülers der vierten Klasse der Grundschule Kellinghusen im Kreis Steinburg möchte vor dem schleswig-holsteinischen Verwaltungsgericht erreichen, daß sein Sohn morgens nicht mehr vor acht zur Schule gehen muß. Der Kläger vertrat am Freitag vor der neunten Kammer des Gerichts in Schleswig die Meinung, daß der Schulbeginn 7.20 Uhr das Grundrecht des Kindes auf körperliche Unversehrtheit verletze. Nach Angaben des Vaters leidet der Neunjährige seit der zweiten Klasse an Nervosität und mangelnder Konzentration. Durch das frühe Aufstehen um sechs Uhr werde der natürliche Schlafrhythmus unterbrochen und gestört. Das könne zu dauernden gesundheitlichen Störungen führen.

Der frühe Schulbeginn ist nach Auffassung des Klägers auch aus kinderheilkundlicher Sicht unverantwortlich. Der Vater des Buben – die Mutter ist Kinderärztin – legte zur Untermauerung seiner Meinung eine schriftliche Stellungnahme des Direktors des Münchener Instituts für Soziale Pädiatrie und Jugendmedizin, Professor Theodor Hellbrügge, vor. Darin heißt es, „daß es in der Tat vom kinderärztlichen Standpunkt aus nachgerade eine Katastrophe ist, daß Kinder um 7.20 Uhr bereits zur Schule gehen sollen".

Die Vertreter der beklagten Schulleitung begründeten den früheren Unterrichtsbeginn mit organisatorischen Problemen, wie mit den Fahrtzeiten der Schulbusse. Außerdem reiche bei einem Schulbeginn um acht Uhr die Unterrichtszeit zu weit in die Mittagszeit hinein. Die meisten Eltern hätten sich bei einer Umfrage Ende 1982 für die Beibehaltung des früheren Schulbeginns ausgesprochen und der Schulelternbeirat einstimmig dafür gestimmt. Der Vertreter des Kieler Kultusministers meinte vor Gericht, daß es sich dabei um eine pädagogische Entscheidung und keinen Verwaltungsakt gehandelt habe. Die Klage sei daher nicht zulässig.

Die Kammer hingegen erklärte die Klage für zulässig und traf einen beweisbeschluß, nach dem zunächst festgestellt werden soll, ob die gesundheitliche Beeinträchtigung des Neunjährigen von dem frühen Schulbeginn herrührt. Die Verhandlung wurde daher auf einen noch nicht festgelegten Termin vertagt.

Süddeutsche Zeitung

Das »Pensum« ist das Maß, an dem sich alle orientieren. Der Unterricht wird bis ins Detail kalkuliert – er ist angewandte Zeitökonomie – und gibt es noch etwas zu optimieren und zu rationalisieren, dann wird dies auch versucht.

Unabhängig vom Lehrer- und Schülerinteresse werden Inhalte vermittelt – 45 Minuten Englisch, anschließend 45 Minuten Buchhaltung, dann 45 Minuten Turnen, anschließend 45 Minuten irgendwas usw. Die Auseinandersetzung mit den Inhalten wird durch das Pausenzeichen und durch das Erscheinen eines anderen Lehrers in der Folgestunde ebenso unterbrochen wie durch den zeitlichen Druck, dem der Lehrer bei der Vermittlung »seiner« Inhalte im 45-Minuten-Intervall ausgesetzt ist.

Georg Simmel und *Martin Wagenschein* kritisieren dies aufs heftigste, bisher erfolglos, wie man sieht:

Es ist pädagogisch ein vollkommener Wahnwitz, daß ein Schüler an einem Vormittag von vier oder fünf verschiedenen Lehrern hintereinander unterrichtet wird. Als wäre der Schüler ein Stiefel, den man am besten in der Fabrik so herstellt, daß jeder Arbeiter eine von dem anderen genau abgegrenzte kleine Teilleistung vollzieht. Es gibt keine Erscheinung, mit der die Intellektualisierung, Mechanisierung, das Hineinstopfen eines Wissensquantums als einzigen Lehrzwecks so klar symbolisiert wäre.　　　(*Simmel* 1922, S. 62)

Fast sieht es so aus, als wäre die Schule auf diesem Wege nicht nachgefolgt, sondern vorangegangen. Wie wollte man sonst den herkömmlichen, völlig zusammenhanglosen Wechsel der Kurzstunden verstehen! Man verteidigt ihn, sofern man es für nötig hält, manchmal so: Es sei eine Überforderung, die Aufmerksamkeit länger als 45 Minuten auf dieselbe Sache ausgerichtet zu halten. Und – abgesehen davon, daß man sich einmal an der Luft bewegen müsse – das ganz »Andere« bringe die erfrischende Abwechslung. So einleuchtend das zunächst klingen mag, es ist doch zu bedenken, wie sehr wir damit jene höchst fragwürdige Sprunghaftigkeit züchten, mit welcher der Lernende, wenn es klingelt, ohne die geringste Hemmung »umschaltet« und nur fragt: »Was haben wir jetzt?« Er lernt ein Fach wegwerfen wie eine Mütze und läßt sich eine andere aufstülpen. Eine fragwürdige, gefährliche Übung deshalb, weil sie ihn zerspaltet, ihm nicht erlaubt zu wurzeln. Sie führt zu dem, was Exupéry in die Worte faßte: »Die Menschen haben keine Zeit mehr, irgend etwas zu lernen.« Und das ist die Voraussetzung dafür, daß sie etwas »lernen«.　　　(*Wagenschein* 1973, S. 160)

Die unterschiedlichen Lerngeschwindigkeiten der Schüler werden durch diese taktmäßige Zeitorganisation auf einer »mittleren« Ebene synchronisiert. Unter dem Aspekt maximaler Zeitökonomie sind es die Schnelleren, die bei den Lehrern höheres Ansehen genießen und folglich auch die besseren Noten bekommen. Die Langsamen sind die schlechteren Schüler, besser: sie werden dazu gemacht. Soll es vielleicht so sein?

Bei Klassenarbeiten wird die Pensumidee noch deutlicher als im sonstigen Schulalltag: Aufgaben sind in einer begrenzten Zeit zu absolvieren und zu lösen. Selbst *Taylor* war davon so begeistert, daß er diese Idee von der Schule auf die industrielle Produktion übertrug.

Die Pensumidee ist durchaus nichts Neues. Jeder von uns wird sich von seiner Schulzeit her erinnern, daß derselbe Gedanke auch bei ihm mit gutem Erfolg angewandt worden ist. Keinem tüchtigen Lehrer würde es einfallen, einer Schulklasse ein unbestimmtes Pensum zum Lernen aufzugeben. Jeder Schüler bekommt täglich sein scharf umgrenztes Pensum vom Lehrer auf.   (1977, S. 129)

Nicht »Zeit« ist das schulische Organisationsprinzip, sondern Zeitmangel. Bildungsinhalte werden nur in möglichst konzentrierter Form vermittelt – auch und gerade wenn es ums Exemplarische geht. Stoffülle und Zeitmangel bestimmen so auch die Qualität der sozialen Beziehung zwischen Lehrern und Schülern. Der Lehrer hetzt die Schüler von Inhaltshäppchen zu Inhaltshäppchen, das Lernziel muß erreicht werden. »Das kommt erst später dran«, »dies ist zwar richtig, gehört aber nicht hier her«, »Hans, paß auf«, »wir schaffen es zeitlich nicht mehr, noch ein Beispiel zu bringen«, so die täglich wiederkehrenden Kommunikationsfloskeln, die die Verzerrung des sozialen Verhältnisses zwischen Lehrern und Schülern ausdrücken und durch die deutlich wird, daß Unterricht weitgehend ein Kampf gegen die Uhr ist, der nur allzuschnell zum Kampf Schüler gegen Lehrer und Schüler gegen Schüler wird.

Wir nehmen uns nicht die Zeit für das Wichtigste. Und nach 45 Minuten hören wir schon wieder auf, eigentlich ohne angefangen zu haben. *Ohne* Fühlung mit der Sache hält es nämlich niemand länger als 45 Minuten aus. Man muß dann wechseln (...) Mit Fühlung kann eine (...) Klasse drei Stunden intensiv und mit Freude an *einer* Sache arbeiten; freilich in einer anderen Methode, als es die flüchtigenergische ist, die wir uns angewöhnen mußten, um in 45 Minuten etwas hinter uns zu bringen, in das wir uns doch versenken sollten. Am schwersten haben es diejenigen Schüler und Lehrer, die trotz der Eile immer wieder Fühlung zu gewinnen suchen. Sie müssen stets von neuem ihre Wurzeln wieder ausziehen.

(*Wagenschein* 1972, S. 338)

Das kontinuierliche, lineare Lehrgespräch ohne Zeitverlust ist das Ideal der meisten Lehrer. Der Frage des Lehrers muß möglichst schnell eine massenhafte stille Antwort der Schüler folgen. Melden: Finger hoch – und nur nicht Schnipsen! Möglichst kurze Antwort, neue Lehrerfrage, wieder schnelle Reaktion usw. usw. Kein Wunder, daß die »neuen Medien«, die dieses Schema viel besser (und wohl auch billiger) produzieren können, von den Pädagogen als bedrohlich erlebt werden. Aber dies ist eine Bedrohung, die sie selbst produziert haben, indem sie den Unterricht strukturell für deren Einsatz präparierten.

Unterricht ist so auch der Kampf gegen die sozialen Bedürfnisse von Lehrenden und Lernenden. Die Kehrseite davon ist, daß Situationen, in denen der Kampf gegen die Uhr nicht stattfindet, als bedrohlich erlebt werden: Lehrer haben Angst, daß ihnen der »Stoff« ausgeht, daß sie zu früh fertig werden. Sie haben Angst, daß Schüler nichts zu tun haben und einfach nur dasitzen bis andere fertig sind. Und Lehrer schließlich haben auch Angst, sich diese Ängste einzugestehen – nicht zuletzt weil sie dazu (und speziell zu deren Bearbeitung) Zeit bräuchten. Das Resultat dieser Verdrängung ist ein pseudoaktiver Unterricht, es muß immer etwas geschehen. Wird die Zeit nicht genutzt, so muß der Eindruck wenigstens geweckt bzw. erhalten bleiben, sie würde genutzt. Kollektives Schweigen ist bedrohlich, und auf die Lehrerfrage muß sogleich eine Antwort folgen. Gewartet werden darf nicht, eher schon beantwortet der Lehrer seine Frage selbst. So ist die detaillierte Zeitstruktur auch ein Mittel der Angstabwehr und ein Schutz vor dem Unabsehbaren, dem Überraschenden und dem Neuen.*

---

* Etwas anders, aber mit einer Tendenz zur schulischen Zeitstruktur, geht es in der Hochschule und speziell auch in der Erwachsenenbildung zu. Der Veranstaltungsrhythmus und die Veranstaltungssequenzen mit ihrer inhaltlichen Zerfaserung an der Hochschule ähneln jener der Schule. In der Erwachsenenbildung ist es häufig die Zeitökonomie der Bildungshäuser, die den Dozenten zum »Trainingsleiter in Kursen eines lebensfernen Wissenserwerbs« (Sloterdijk) machen.

Nicht nur die Mikrostruktur des Schulalltags wird analog der Zeitorganisation zweckrationaler Arbeit gestaltet, auch der Bildungsweg der Individuen ist in seinen großen Abschnitten daran orientiert. Markantes Merkmal ist die gesetzliche Pflicht der Einschulung mit sechs Jahren. Anläßlich dieses Ereignisses bekommen die Kinder ja auch sinnigerweise eine Uhr geschenkt – vor zwanzig Jahren war sie noch das wichtigste Geschenk bei der Kommunion/ Konfirmation – so ändern sich die Zeiten! Die tickende Botschaft macht darauf aufmerksam, daß der regelmäßige Takt der Maschine Maßstab der Ordnung ist und nicht das lebendige Chaos vieler Subjekte und deren Subjektivität. Die Anpassung an eine metrisch-abstrakte Ordnung, wie sie die Uhr vorgibt, diktiert das Leben der Schulkinder spätestens von ihrer Einschulung an. Verspielte Kinder, also jene, die noch die Zeit »vertreiben« können, sind unerwünscht. »Jochen, du träumst!« hörte ich kürzlich eine Lehrerin bei einem Schulausflug (!) zu einem etwas hinter den übrigen Siebenjährigen herlaufenden Kind mahnend ausrufen. Besinnlichkeit stört, Gefühle, Phantasien und Träume sind nicht gefragt. Spontaneität ist nur soweit erwünscht, wie sie in Schemata paßt.

Die Schüler reagieren hierauf mit einer von den Lehrern vielbeklagten Job-Mentalität. Sie ertragen die Schule (so wie sie es bei ihren Eltern und auch bei den Lehrern erleben), indem sie die Arbeit »hinter sich bringen«. Das kalkulatorische ist ihnen aufgezwungen, und die Beziehungen im Unterricht sind ein Abbild davon. Dienst nach Vorschrift, minimaler Aufwand, höchster Erfolg – Kontaktzeitpädagogik. Dies ist die Reaktion auf Lehrer und deren Zeitzwänge, die sie zu Händlern macht, »denen es einzig darauf ankommen kann, die Ware ›Unterricht‹ möglichst ohne Reibungsverluste abzusetzen, die verordneten Stoffe ohne Ansehen der Person ans Kind zu bringen« (*Hengst* 1981, S. 37). Die Schüler werden so fähig zum Empfang und zur Verrichtung unpersönlicher Dienstleistungen. Der Unterschied zwischen dem Lösen einer Fahrkarte am Kundenschalter der Bundesbahn und der Überreichung eines Zeugnisses nach Präsentation der Lernleistung wird immer mehr eingeebnet. *Thomas Mann* bereits machte diese Erfahrung:

Die »Anstalt« erwartete nichts mehr von mir, sie überließ mich meinem Schicksal, das mir selbst durchaus dunkel war, dessen Unsicherheit mich aber, da ich mich trotz allem gescheit und gesund fühlte, nicht zu drücken vermochte. Ich saß die Stunden ab.

(1930, S. 734)

Exkursion: »Nicht für das Leben, für die Noten lernen wir.«

Zeit ist Geld – Banknoten und Schulnoten

Der Prozeß zunehmender Abstraktion individuellen und sozialen Lebens vom Zeitrhythmus innerer und äußerer Natur ist in vollem Gange. Ein Nachlassen der Beschleunigung ist nicht abzusehen. Den wohl für unsere Gegenwartskultur treffendsten Ausdruck findet dies in der *Franklin*schen Gleichung »Zeit ist Geld«:

> Bedenke, daß die Zeit Geld ist; wer täglich zehn Schillinge durch seine Arbeit erwerben könnte und den halben Tag spazieren geht, oder auf seinem Zimmer faulenzt, der darf, auch wenn er nur sechs Pence für sein Vergnügen ausgibt, nicht dies allein berechnen, er hat nebendem noch fünf Schillinge ausgegeben oder vielmehr weggeworfen.
> (Zit. nach *M. Weber* 1969)

In marktgängigen Buchtiteln wie: »Zeit gewinnen durch effektiveres Lernen«, »Zeit gewinnen, mehr schaffen«, »So gewinnt man Zeit«, »Zeitökonomie im Management« usw. spiegelt sich jene Gleichung ebenso wider, wie in den verbreiteten Aktivitäten von Zeitmessern in den Betrieben. Die Stechuhr (die ja die Zeit und die Menschen gleichermaßen sticht) objektiviert diese abstrakte Gleichung und macht begrifflich unbeabsichtig deutlich, was diese Objektivierung für das betreffende Subjekt bedeutet.

Zeit wird zum ökonomischen Gut, sie wird über diese Gleichung auch zum knappen Gut, zum knappen Rohstoff. Man kann – wie dies ja auch beim Geld der Fall ist – nicht genug von ihr bekommen. Dies produziert jene stetige Unruhe, für die das gleichnamige, sich immer in Bewegung befindliche Teilchen in der Uhr die deutlichste symbolische Vergegenständlichung ist.

Aber Vorsicht! Obgleich die Gleichung vielen unserer Handlungen als Muster zugrundeliegt, stimmt sie nicht. Die Zeit ist eben nicht knapp. Erst die Koppelung mit dem Erwerb von Geld und der damit verbundene Termindruck, machen sie im Eindruck der Subjekte knapp. Und die Gleichung stimmt auch sonst nicht, denn dann wären ja die Arbeitslosen, die Rentner, die Kinder, ohne alle Geldsorgen. Mit Zeit allein kann man sich kein Geld beschaffen, die

Gleichung gilt eben nur dort, wo auch das ökonomische Rational-prinzip gilt.

Trotzdem: »Zeit ist Geld«, das ist der Schlüssel für unser modernes Zeitverständnis. In dieser Gleichung ist die Unbegrenztheit der linearen Zeit formelhaft ausgedrückt. Geld nämlich ist ja ein Abstraktum, es ist die von aller besonderen Qualität losgelöste Ware. Geld muß sich stetig bewegen, darf nicht ruhen. Der Unbegrenztheit des berechnenden Gelderwerbs entspricht die Unbegrenztheit der Disposition mit der Zeit, entsprechen die planerischen Anstrengungen einer Fortschritts- und Wachstumsgesellschaft. Eine Befriedigung in der Zeit würde letztlich dem in der Gleichung festgelegten dynamischen Prinzip der Geldwirtschaft widersprechen. Dies ist auch der Grund, warum es in den Spielbanken von Las Vegas keine Uhren gibt: Zeitloses Geldausgeben.

Ich will die generalisierende Wirkung dieses Prinzips »Zeit ist Geld« an dem nicht-ökonomischen Sektor »Bildung« deutlich machen. »Zeit ist Geld« heißt nicht nur »Zeit sind Banknoten«, sondern auch: »Zeit sind Schulnoten«. Nicht überall ist dies so kurzschlüssig und augenfällig wie bei der bayerischen Schülerbegabtenförderung, wo die Begabten nicht nur Noten, sondern auch Geld für ihre Leistung bekommen: »Leistung wird belohnt. Auch in der Schule kann man damit Geld verdienen. Der Maßstab sind die Noten (...) Wann, wie, wo gibt es im Freistaat Bayern Bargeld für begabte Schüler?« Mit diesen Worten wirbt die vom bayerischen Kultusministerium herausgegebene Zeitung »Schule und wir« für die »Schülerbegabtenförderung« des Landes.

Die Noten in der Schule, die Zertifikate in der Erwachsenenbildung, die Scheine an den Universitäten sind das Äquivalent für Geld, sie sind die pädagogische Währungseinheit. Noten (im weiteren als globaler Begriff, der Zertifikate, Scheine usw. einschließt) sind, wie *Bourdieu* es ausdrückt: »Konkretes Symbol einer abstrakten Zukunft« (zit. nach *Laermann* 1975, S. 100). Noten sind, wie Geld, ein Abstraktum, sie sind neutral gegenüber Personen, gegenüber Inhalten. Es gibt unendlich viele gute Noten, nur werden sie verknappt, ebenso wie das Geld.

Als eines der gravierendsten Dienstvergehen mit der Sanktion »Entlassung aus dem Dienstverhältnis« wird vom Dienstherrn die Ignoranz des Lehrers gegenüber der Regel der Verknappung guter Noten angesehen. Wer viele »Einser« verteilt, ist verdächtig.

Unklar bleibt bei den Noten, an welch konkretes Geschehen sie geknüpft sind, genauso wie es auch unklar bleibt, durch welch konkrete Arbeit der Pädagoge sein Geld verdient. (Die Realsatire darauf ist der Begriff des »Gehaltes« für das nicht an konkrete Inhalte gebundene Einkommen.) Die Notenfaszination der Schüler, das Notenstreben, löst daher zum Ärger und Erstaunen vieler Pädagogen – was mich immer wieder erstaunt – das Interesse am Inhalt ab. *Katharina Rutschky* hat kürzlich darauf hingewiesen, daß die Lehrer selbst an dieser Entwicklung einen maßgeblichen Anteil haben, sich also über jenen Staub beschweren, den sie selbst aufwirbeln:

Und die Schule heute, über die gerade Lehrer und Lehrerverbände klagen, ist genau die Schule, die sie immer haben wollten und aus der Rohform des 19. Jahrhunderts entwickelt haben. Wenn z. B. Lehrer behaupten, daß der Numerus clausus den pädagogischen Gewinn, den man sich von der Reform der gymnasialen Oberstufe doch versprochen habe, insofern vernichte, als die Schüler zum Punkte- statt zum Bildungserwerb gedrängt würden, dann haben sie vergessen, daß das ohne jeden Druck von außen in 150 Jahren entwickelte Notensystem diesem Zustand vorgearbeitet hat. Reifezeugnisse des frühen 19. Jahrhunderts lesen sich noch oft wie Personenbeschreibungen, in denen nicht vom geprüften und in seiner Qualität ziffernmäßig eingeordneten Wissen, sondern vom Erwerb und der individuellen Entwicklung die Rede ist: »Gottschall hat eine vollständige Übersicht über die älteren Perioden der deutschen Literatur (...) und besitzt die rühmlichsten Kenntnisse in der neuesten (...) Er hat sich auch als Dichter versucht und seine lyrischen Produktionen verdienen Aufmerksamkeit (...)«.

(1984, S. 51)

So wie die Arbeitszeit fürs Geldverdienen da ist, ist die Unterrichtszeit in der Schule und auch der Erwachsenenbildung zur Notengebung oder zum Zertifikatserwerb da.*

Die streng planerisch ökonomische Nutzung der Zeit für die erhoffte Note ist in unserer Bildungsszene, insbesondere in der

---

* Augenfälliges Indiz dafür sind die – bei Lehrern, Schülern und bei der Schulaufsicht – immer beliebteren Multiple-Choice-Verfahren. Die Vergleichbarkeit wird hierdurch zweifelsohne gefördert, was aber völlig wegfällt, ist die Bewertung origineller und interessanter Lösungen. Schon äußerlich werden die Prüfungen der Formularpraxis von Bürokratien und industriellen Check-Listen angepaßt.

beruflichen Erwachsenenbildung und in den Abschlußklassen der Gymnasien, kein Sonderfall. Aufwand (das ist das verausgabte Arbeitsvermögen) wird mit dem Ertrag (das sind die Noten) in Beziehung gesetzt; von Inhalten ist zwar keine Rede mehr, aber diese Reduktion qualitativer auf quantitative Werte erhöht auch die Präzision der Kalkulation, gibt Sicherheit speziell unter der Perspektive der Berechenbarkeit. Der Raum für Zufälle – dies hat zwei Seiten – wird kleiner. Glück wird berechenbar. Ob das noch Glück ist? Sicher nicht, wenn man von der Lebensweisheit ausgeht, daß »dem Glücklichen keine Stunde schlägt«.

Dies alles geschieht selbstverständlich nicht gegen die administrativen Aufsichtsorgane des Bildungssystems – auch dann nicht, wenn von dort einschlägige Klagen zu hören sind. Entwickelt werden nämlich durch die enge Verzahnung von Zeit und Noten unverzichtbare Fähigkeiten für das heutige Produktionssystem. Die Abstraktion vom konkreten Inhalt fördert die Fähigkeit zu einer eher oberflächlichen Identifizierung mit den unterschiedlichsten, ständig wechselnden Inhalten einer sich kontinuierlich verändernden Arbeitswelt. Formale Fähigkeiten und Einstellungen, z.B. Flexibilität, Rollenvielfalt, Umstellungsfähigkeit, Mobilität, werden hierdurch gefördert. Die Zukunft bleibt offen. Die Illusion, etwas mit der Zeit tun zu können, wird dabei ebenso entwickelt wie das Potential, sich »in der Zeit« immer wieder zu verändern, sich an den ökonomischen Fortschritt und an dessen Tempo anzupassen.

Der Typus des »Machers«, dem alle Grenzen und Einschränkungen nur eine willkommene Herausforderung seiner gut ausgebildeten Planungs- und Kontrollfähigkeit sind, ist die menschliche Entsprechung des linearen zukunftsoffenen Zeitmodells. In den Bildungssituationen und in den Bildungsveranstaltungen hat dies seine Korrespondenz dort, wo immer mehr »gemacht« wird. Planen, kontrollieren, also formelle Kategorien, treten an die Stelle der Auseinandersetzung mit den Inhalten. Nicht auf das Subjektive am Individuum sind die pädagogischen Anstrengungen gerichtet, sondern auf das, was die Individuen durch die Noten vergleichbar macht.

Giesecke hat dies bezüglich des Numerus clausus deutlich formuliert:

Erst die Verrechnung von Noten aus ganz verschiedenen Fächern, die unter dem Aspekt des subjektiven Engagements gar nicht verrechenbar sind, nach dem absurden Verfahren des Numerus clausus hat nicht nur diesen Sinn zerstört, sondern darüber hinaus eine Umkehrung des Bildungssinnes erzwungen. In dem Maße, wie durch derartige Verfahren jeder individuelle Bildungssinn aus den Schulen herausgerechnet wird, wird das schulische Lernen zur entfremdeten Arbeit wie jede andere auch, also ohne jede persönliche verbindliche Bedeutung. Das Gelernte bleibt ein persönlich Fremdes, wird zu einem Ding, zu einem bloßen Instrument für soziale Karrierestrategien. (1977, S. 163)

Deutlich wird dies auch in dem Sachverhalt, daß derjenige, der als lernbehindert gilt, letztlich nur langsamer als die meisten anderen ist. Der Lernbehinderte »kommt nicht mit« – bei dem vorgelegten Durchschnittstempo. Auch im Bildungssektor muß alles schneller gehen – und dabei stören die Langsamen. In diesem Sinne sind sie »hinkende Enthüller«, wie *Serres* (1981, S. 54) sie charakterisiert. Enthüller des stillschweigend für selbstverständlich gehaltenen Prinzips zunehmender Beschleunigung.

Lieber 'ne sechs als überhaupt keine persönliche Note

Schulzentren, Mittelpunktschulen oder wie sie heute im Administrationsdeutsch auch heißen mögen, sind nicht nur äußerlich von einer Fabrik kaum mehr zu unterscheiden, auch die »Schulkultur« gleicht jener von Großbetrieben mit ihrem subjektignorierenden Zeittakt. Funktionalität, Kontrollierbarkeit, Zweckrationalität, Machbarkeit sind die positiv besetzten Schlagworte einer staatlichen Administration, die in Analogie zu den Prinzipien des industriellen Sektors den Bildungsbereich organisiert. So zeigt die Schule sehr deutlich die wesentlichen Merkmale einer bürokratischen Organisation. Sie ähnelt immer mehr einer Verwaltung wie z. B. jener, die sich neben dem Schülerberg auch noch um den Butterberg oder sonstige »Überschüsse« kümmert. Kennzeichen solcher Institutionen sind u. a. die Festlegung fester Arbeitsvollzugsregeln (Vorschriften, Anweisungen bezüglich standardisierter Handlungsregeln) und die Unterordnung der Personen (d. h. ihre Verdinglichung) zugunsten der Erfüllung eines personenübergreifenden abstrakten Zwecks. Pädagogische Probleme werden zu bürokratischen.

Dies trifft insbesondere auf die Strukturierung von »Zeit« in den Bildungsinstitutionen zu: Gesetze, Erlasse, Verordnungen, Anweisungen, Richtlinien, Schulordnungen fixieren die Dauer der Schulpflicht und des Schulbesuches, sie regeln das Schuljahr mit den Zeiträumen, in denen kein Unterricht stattfindet. Administrativ – d. h. zentral und zweckrational – festgelegt werden die Anzahl der Wochenstunden, die Verteilung der Stunden, die tägliche Unterrichtszeit, die Pausen, die Unterrichtsstunden und deren Länge sowie die Prüfungszeiten. Über verbindliche Curricula wird teilweise sogar die zeitliche Detailstruktur einer Unterrichtsstunde vorgeschrieben. Maßstab einer solchen »administrativen Verstörung der Schule« *(Rumpf)* ist, wenn überhaupt, der nicht real existierende Durchschnittsschüler mit seiner kalkulierten Lerngeschwindigkeit und der durchschnittliche Lehrer mit seiner kalkulierten Lehrgeschwindigkeit. Diese ausschließlich an administrativen Zwecken orientierte abstrakte Zeitstruktur ist ein Zwang, der relativ unauffällig bleibt, da er als nicht hinterfragbarer Sachzwang ausgegeben wird. Deshalb funktioniert er auch.

Faßt man die Institutionalisierung der Lehr- und Lernprozesse (...) im ganzen in den Blick, so zeigt sich, daß sich durch nahezu alle Bereiche ein grundlegendes Dilemma hindurchzieht. Das Bemühen um größere Rationalität und Transparenz von Unterrichtsplanung, Unterrichtsorganisation, Leistungsbewertung usw. führt gleichzeitig zu einer Entsinnlichung, Entpersönlichung und Reglementierung. *(Hoffmann/Rülcker* 1977, S. 501)

Das Ergebnis sind uniforme Anforderungssituationen und arithmetisierte Erziehungsverhältnisse, Bildung wird in Form und Inhalt der Kategorie »Arbeit« subsumiert, Lehr-Lernzeiten werden nach den Maximen der Arbeitszeiten behandelt und organisiert. Damit aber entstehen auch Probleme und Schwierigkeiten, denen – dies ist der administrative Zirkel – wieder nur durch Vermehrung der normativen Regelungen und nicht durch Verbesserung der sozialen Kompetenzen der Beteiligten beizukommen versucht wird. Vieles, was heutzutage als Reform ausgegeben wird, ist wenig mehr als das Produkt dieser zirkulären Hektik. Darunter fallen besonders auch jene reaktionären Programme, die möglichst alles wieder nach

rückwärts reformieren wollen. Belege dieser Situationsbeschrei-
bung finden sich in großer Anzahl in den Tagebüchern und in den
subjektiven Arbeitsberichten von Lehrern, deren wachsende
Beliebtheit und Verbreitung in den letzten Jahren auch als eine
reaktive Flucht in eine von der Administration abgedrängte Subjektivität gedeutet werden kann.

»Menschlich lernen kann man doch in diesen Schulen nicht. Sie
sehen nicht nur wie Fabriken aus, das Lernen ist in ihnen fabrikmä-
ßig organisiert, zerstückelt und kontrolliert. Den Schülern und
Lehrern sind die Stoffe doch so egal wie dem Arbeiter bei Opel die
Karosserien, an denen er seine Handgriffe verrichtet – Hauptsache,
der Lohn stimmt, die Noten und das Geld ...« So etwas sagt ein
24jähriger Lehrerstudent im Seminar. Und keiner der Teilnehmer,
die ja nun alle mindestens dreizehn Jahre Schulunterricht von unten
erfahren haben, widerspricht.   (*Rumpf* 1983)

Vieles erinnert in diesen Berichten an die Geschichte vom Zauberlehrling: Die Macht der Menschen über die Mittel wurde zu einer
Macht der Mittel über die Menschen. Der Zufall wird ausgeschlos-
sen, ersetzt wird er jedoch häufig nur durch den Irrtum.

   Meinte man in der Bildungsreformphase – Ende der sechziger bis
Anfang der siebziger Jahre – mit dem Mittel der Administration die
Emanzipation der zu Bildenden ein Stück voranzubringen, so wird
heute sichtbar und schmerzlich spürbar, daß sich die administrativen Mittel (und jene die sie forcieren) von den Schülern und von den
Lehrern emanzipiert haben. *Schillers* Klage (1795) ist so aktuell wie
nie zuvor:

Jene Polypennatur der griechischen Staaten, wo jedes Individuum
eines unabhängigen Lebens genoß und, wenn es not that, zum
Ganzen werden konnte, machte jetzt einem kunstreichen Uhrwerke Platz, wo aus der Zusammenstücklung unendlich vieler, aber
lebloser Teile ein mechanisches Leben im Ganzen sich bildet ... der
Genuß wurde von der Arbeit, das Mittel vom Zweck, die Anstrengung von der Belohnung geschieden. Ewig nur an ein Bruchstück
des Ganzen gefesselt, bildet sich der Mensch selbst nur als Bruchstück aus; ewig nur das eintönige Geräusch des Rades, das er
umtreibt, im Ohre, entwickelt er nie die Harmonie seines Wesens,
und anstatt die Menschheit in seiner Natur auszuprägen, wird er
bloß zu einem Abdruck seines Geschäftes, seiner Wissenschaft.
Aber selbst der karge, fragmentarische Anteil, der die einzelnen

Glieder noch an das Ganze knüpft, hängt nicht von Formen ab, die sie sich selbsttätig geben, sondern wird ihnen mit skrupulöser Strenge durch ein Formular vorgeschrieben, in welchem man ihre freie Einsicht gebunden hält. Der tote Buchstabe vertritt den lebendigen Verstand, und ein geübtes Gedächtnis leitet sicherer als Genie und Empfindung (...) Und so wird denn allmählich das einzelne konkrete Leben vertilgt, damit das Abstrakt des Ganzen sein dürftig Dasein friste ... Genötigt, sich die Mannigfaltigkeit seiner Bürger durch Klassifizierung zu erleichtern und die Menschheit nie anders als durch Repräsentation aus der zweiten Hand zu empfangen, verliert der regierende Teil sie zuletzt ganz und gar aus den Augen, indem er sie mit einem bloßen Machwerk des Verstandes vermengt; und der Regierte kann nicht anders als mit Kaltsinn die Gesetze empfangen, die an ihn selbst so wenig gerichtet sind.

(*Schiller* 1959, S. 79/80)

Die Geschichte vom eiligen Mann

Einmal war ein Mann so eilig, daß er am liebsten gar keine Zeit für irgend etwas brauchen wollte. Morgens ist er aus dem Haus gerannt und in den Autobus gestiegen. Aber der Autobus ist ihm viel zu langsam gefahren. An der nächsten Haltestelle ist der Mann wieder auf die Straße gesprungen und vor dem Autobus hergerannt. An der Kreuzung war gerade eine Ampel rot, aber der Mann hatte gar keine Zeit, irgend etwas zu merken. Er ist weitergerannt. Die Autos haben gehupt, die Leute haben geschrien. Aber das hat der Mann nicht mehr gehört. Er war schon an der nächsten Straßenkurve, und vor Eile ist er einfach geradeaus weitergelaufen, mitten durch ein Haus! Eine Familie wollte gerade frühstücken, und der Mann ist über den Tisch gesprungen und hat die Tassen und Teller hinuntergeworfen, und schon war er wieder zur Tür hinaus. Eine andere Familie hat noch geschlafen, da ist der eilige Mann über die Betten getrampelt, und schon war er wieder zum Fenster hinaus. Er hatte auch gar keine Zeit: »Entschuldigen Sie bitte!« zu sagen. Jetzt war er in einem Hof, der hatte ringsum hohe Mauern, und der Mann hat vor Eile das Tor nicht gesehen. Er ist mit dem Kopf gegen die Mauer gerannt. Aber er hatte ja keine Zeit, über irgend etwas nachzudenken, darum hat er sich einfach nur umgedreht und ist wieder zurückgerannt: durch das Haus, über die Kreuzung und die Straße entlang, bis er auf einmal wieder zu Hause war. Da hat er sich gewundert!   (*Ursula Wölfel*, Achtundzwanzig Lachgeschichten, o. J., S. 22)

Fünftes Kapitel

Vom Leben und Sterben

Laß uns, da wir der Zeit nicht nachlaufen können, wenn sie vorüber ist, sie wenigstens als eine schöne Göttin, indem sie bei uns vorüberzieht, fröhlich und zierlich verehren.

(J. W. Goethe, Wilhelm Meisters Lehrjahre)

Hat alles seine Zeit
Das Nahe wird weit
Das Warme wird kalt
Der Junge wird alt
Das Kalte wird warm
Der Reiche wird arm
Der Narre gescheit
Alles zu seiner Zeit

J. W. von Goethe

»Als wir denn nun Zeit haben, so lasset uns Gutes tun an jedermann.«*

Was tun? – Dies ist eine Frage für Prediger, Gurus und selbster-
nannte Weltverbesserer. Ihre Antwort ist nur allzu bekannt. Immer
ist es die gleiche: »Kommet, folget mir nach; es ist fünf vor zwölf –
und nur ich weiß den Weg der Rettung.« Skeptisch dabei macht
allein schon der Sachverhalt, daß für alle der Zeiger auf dem gleichen
Zeitpunkt stehen soll – und für die Prediger, Gurus und selbster-
nannten Weltverbesserer scheint er mir eher auf null denn auf fünf
vor zwölf zu stehen.

Was tun? Die Parole der Revolutionäre von 1830, die Pariser
Turmuhren zu erschießen, hat sich im Rückblick nicht als so
erfolgreich erwiesen, daß sie uns als Vorbild dienen könnte. Das
Modell »Attentat« scheint nicht die Lösung – es ist zu einfach.
Vielmehr schafft es das Problem in einer Art und Weise weg, die
dessen produktive Lösung schließlich völlig unmöglich macht. Das
Attentatsschema der französischen Revolutionäre jedoch kehrt,
weniger laut und weniger symbolhaft, in unserem Alltag wieder.
Dort besonders, wo der Ruf nach einem sofort vollziehbaren
(exekutierbaren) und zeitsparenden Rezept in unserer Alltagserfah-
rung unüberhörbar wird. Infiziert von der Hast unserer Stunden
und Tage, wird auch da noch nach rasch umsetzbaren Regeln
gesucht, wo es gilt, gegen die Zeithetze anzugehen. Es ist die alte
und allzu bekannte Geschichte, bei der Teufel und Beelzebub sich
gegenseitig austreiben, dabei aber immer tiefer in die Hölle geraten.
Und doch landet man auch bei dieser Argumentation schließlich bei
einem Ratschlag: Meiden Sie Bücher, die Ihnen Regeln und Hinweise versprechen, mit denen Sie angeblich besser mit Ihrer Zeit
umzugehen lernen. Ob diese Bücher nun »Das 1 × 1 des Zeitmana-
gements« oder »Wie spare ich Zeit?« heißen, wie auch immer:
»Haltet die Zeitdiebe« ist die dort verkaufte Parole. Aber wer sich
als Polizist aufspielt, der stellt sich (wenigstens hier) häufig als mehr
oder weniger geschickt verkleideter Krimineller heraus. Die Auto-

*(Galater VI, 10)

147

ren raten Ihnen zu mehr Ordnung. Dabei ist wenig so ordentlich wie die Zeit. Es geht darum (Originalton): »Die Arbeits- und Lebensbereiche besser in den Griff zu bekommen«. Aber es ist der Polizeigriff, der dem Opfer nur mehr ein Minimum an Luft zum Leben, keine mehr zum Sich-Wehren läßt. Das Infame dabei aber ist, daß man durch Tips dieser Art gleichzeitig zum Opfer und zum Polizisten gemacht wird. Welch unmögliche Verkrampfung dabei herauskommt, wenn man sich selbst in den Polizeigriff nimmt, das kann man nur erleben, wenn man versucht, es einmal selbst zu tun.

Doch nicht »mehr Zeit für das Wichtige« ist das Problem, sondern »mehr Zeit für das Unwichtige«, denn dieses »Unwichtige« gehört, im Gegensatz zum Wichtigen, zu einem großen Teil noch uns selbst. »Eigentlich bin ich ganz anders, nur komm ich so selten dazu«. Dieser *Horvath*sche Satz macht die (zeitliche) Entfremdung deutlich, gegen die so mancher heute durch noch mehr Ordnung, noch mehr Struktur, noch mehr Tempo anzukämpfen versucht. Die Lebensgefahr, die von solcher Verinnerlichung der Zeitkontrolle ausgeht, hat *Achternbusch* in seinem Film »Das Andechser Gefühl« brillant in Szene gesetzt. Man muß um sein Leben fürchten, wenn er mit dem Bier auch seine in den Maßkrug gefallene Taschenuhr verschluckt. Als er nach verzweifelter Anstrengung schließlich die Uhr wieder heraufgewürgt hat und einen Blick auf sie wirft, ruft er erstaunt aus: »Wie, so spät ist es schon!«

Andere wieder suchen die radikale Alternative, sie steigen aus oder bilden sich ein, es tun zu können. Dem in vielerlei Hinsicht durch die Geschwindigkeit unseres Lebens erzeugten Schwindel setzen sie die Klarheit der Feindschaft entgegen. Aber die Zeit eignet sich schlecht zum entscheidenden Duell – sie gewinnt nämlich immer.

Ihren eigenen Tod verdrängen beide: jene, die durch noch mehr Tempo der Zeitgrenze zu entfliehen glauben, wie auch die, die mit großer Weigerungspose die Zeiger anzuhalten oder zurückzudrehen versuchen. Meinen die einen, dem Tode zu entrinnen, indem sie die Zeit beherrschen, tuns die anderen, indem sie versuchen, sie nicht bewußt wahrzunehmen. Auch die größte Weigerung wird dort lächerlich, wo sie sich weigert, ihre Endlichkeit zu akzeptieren. Das Problem des Todes wird scheinbar »entsorgt«.

Der Trauerzug wird zum Verkehrshindernis. Der Tod ist tot: »Von Beileidsbekundungen bitten wir Abstand zu nehmen«. Da wird das Zeitliche nicht mehr gesegnet, nur noch sozialhygienisch verdrängend verwaltet. »Ja mei«, so der Seufzer von *Karl Valentin*, »alte Leit, die gibt's heit nimmer, und die, die's no gibt, die san olle von früher.« Die lautlose und unauffällige Aussonderung alter Menschen aus der übrigen Gemeinschaft, derjenigen eben, denen man die Zeit ansieht, gleicht der Absonderung des Todes durch die im vorigen Jahrhundert begonnene Verlagerung der Friedhöfe in die Außenbezirke unserer Kommunen. Aber wie das Altwerden kann auch der Tod der linearen Zweckrationalität unserer Industriekultur nicht zugeordnet werden. »Das Leben, das wir dazu verbrauchen, uns dem Tode zu nähern, verbrauchen wir dazu, ihn zu fliehen« (*Simmel* 1957, S. 31). Der Tod ist das unendliche Dementi der Fortschrittshoffnungen und auch der Fortschrittsanstrengungen, und er ist das unausweichliche Eingeständnis des Versagens aller wirklich radikalen Alternativen der Zeitgestaltung.

Die Würzburger wissen schon, was zu tun ist:

Mehr Zeit für Beerdigungen auf Würzburger Friedhof

WÜRZBURG (epd) – Der Würzburger Oberbürgermeister Klaus Zeitler hat angeordnet, daß Beerdigungen auf dem Würzburger Hauptfriedhof künftig im Abstand von mindestens 30 Minuten stattfinden. Zeitler reagierte damit auf Klagen evangelischer Geistlicher, die durch den bisher bestehenden 20-Minuten-Takt auf dem Innenstadtfriedhof immer wieder in Zeitbedrängnis gerieten.

Süddeutsche Zeitung

Aber, was tun? Wenn die Furcht vor Alter und Tod sich in einer permanenten und hektischen Flucht davor ausdrückt, die letztlich eine Flucht vor dem Leben ist, dann kann die Antwort nur in der Aufforderung bestehen, sich mit der Tatsache der eigenen Sterblichkeit auseinanderzusetzen, die Endlichkeit unseres Lebens nicht zu verdrängen und mit der Angst vor dem Tode offen umzugehen. Schließlich ist dies auch die Anerkennung, ein Teil der Natur zu sein und damit die Anerkennung einer natürlichen Begrenztheit.

Möglichkeiten, befriedigend und sinnvoll mit und in der Zeit zu leben, können so nur vom Ende aller individuellen Zeit her entwickelt werden. Das Modell einer unendlich ansteigenden Linie kann dann nicht mehr für das Leben den verbindlichen Weg zeigen, es sei denn um den Preis einer nur mehr selbstbetrügerischen Existenz. »Weiter ausschreiten zu wollen als die Beine reichen, das ist unmöglich und wider die Natur«, hat *Montaigne* vor über 400 Jahren geschrieben, in jener Zeit also, als der Fortschritt anfing fort-zu-schreiten.

Ebenso kann auch eine Antwort auf die Frage »Was tun?« nicht dort zu finden sein, wo eine fremd- oder selbstgemachte Zeitstruktur erhofft wird, die einer stromlinienförmigen und zweckrationalen Selbstverwirklichung dienlich ist. Viel eher sollte man sie dort suchen, wo gegen den Mythos des stetigen Fortschritts und der Illusion immerwährender linearer Entwicklung die *Realität der Nicht-Linearität* von individuellen und gesellschaftlichen Lebensformen und Lebensprozessen zum Bezugspunkt unserer Lebensgestaltung wird. Solches ist immer auch gegen 500 Jahre wirklichen und illusionären Fortschritt und dessen Ideologisierung zu vollbringen, wahrlich kein leichtes Vorhaben.

Nicht-Linearität bedeutet nicht nur Unordnung an Stelle von Ordnung, aber das bedeutet sie auch. Nicht-Linearität ist sowohl eine nicht-lineare Ordnung als auch die Möglichkeit der Unordnung – und des Gefallens daran. Eine zur Fortschrittslinie alternative, stärker natur- und damit auch subjektbezogene Form des Umgangs mit der Zeit und des Verhaltens in der Zeit, habe ich im dritten Kapitel dieses Buches verdeutlicht. Die rhythmische und die nicht-mechanische Wiederholung als wichtiges ordnungsleitendes Prinzip wurde der stetig steigenden Linie entgegengesetzt. Reste davon sind in unserer Gesellschaft immer noch vorhanden. Diese zu stützen (z. B. solche, die an innerer und äußerer Natur orientiert sind) und sie vor der Abwertung durch das herrschende Linearprinzip zu schützen, wäre eine Aufgabe, die für die Frage »Was tun?« die Richtung einer Antwort anzudeuten vermag.

Nicht-Linearität bedeutet aber auch, die Entwicklung subjektiver und lebendiger Prozesse, die sich einem generellen Schema entziehen, zu fördern. Dies ist die notwendige Unordnung subjektorientierter Zeitlogik. »Man kann«, so *Kafka,* »ein Leben nicht so einrichten, wie der Turner den Handstand«. Diskontinuität, Über-

raschungen, Plötzlichkeit, Verwirrung, alles dies gehört zum Leben
und ist nicht als dessen Feind – oder wie wir es heute nennen
würden: als Planungsfehler – anzusehen.

Ein Minimum an Unordnung ist die Bedingung für das, was wir
»Glück« nennen. Blitzartig kommen uns Erkenntnisse, Erfahrungen machen Sprünge. Wünsche, Bedürfnisse und Hoffnungen
entwickeln sich nicht-linear – auch wenn die Werbeindustrie vom
Gegenteil ausgeht. Es ist die Unordnung, die *Hölderlin* von »so
mancher wunderbaren krummen Bahn, die sich das Leben bricht«
sprechen läßt.

Augenblick. Als A. oder das Plötzliche (τὸ ἐξαίφνης) bezeichnet *Platon* im »Parmenides« (155e–157b) jenes Wunderliche (ατοπον), worin das Eine von Bewegung in Ruhe und von Ruhe in Bewegung umschlägt (μεταβάλλει) sowie überhaupt alle Veränderungen erleidet, auch den Übergang von Sein zu Nichtsein oder von Nichtsein zu Sein. »Wunderlich« ist dieser A., weil er, zwischen Bewegung und Ruhe befindlich, keiner Zeit angehört und weil das Eine in ihm weder sich bewegt noch ruht, weder ist noch nicht ist.

(*M. Theunissen* in: Historisches Wörterbuch der Philosophie.
Bd 1. Basel/Stuttgart 1971, S. 649)

Der Begriff für diese (ordentliche) Zeitunordnung ist der *Augenblick*. »Der Augenblick ist jenes Zweideutige, worin Zeit und Ewigkeit einander berühren, und hiermit ist der Begriff ›Zeitlichkeit‹ gesetzt, wo die Zeit ständig die Ewigkeit abschneidet und die Ewigkeit ständig die Zeit durchdrängt« (*Kierkegaard* 1960, S. 82). In ihm geraten »verschiedene Zeitbegriffe aneinander, die Zeit der Zeitmessung, die Zeit eines Erlebnisses, die Zeit mythischer Vorkommnisse, die plötzliche Sprengung der Zeitachse im Augenblick der Inspiration, des Schreckens, der Liebe und des Todes« (*Hollander* 1984, S. 17). Der Augenblick hat seine je eigene Dauer, seinen spezifischen Inhalt, seine besondere Form und auch seine sich von anderen Augenblicken unterscheidende Geschichte. Im Begriff des Augenblicks wird die Ungleichzeitigkeit von Ereignissen, Erfahrungen, Erlebnissen anerkannt. Ebenso das Vergehen und das Vergessen. Linearität hingegen läßt Vergessen in einer bestimmten Form überhaupt nicht mehr zu – Datenspeicher und Datenbanken verwalten das »Augenblickliche« und pressen es in eine lineare Zeitlichkeit. Erfahrungen, Erlebnisse, Ereignisse erhalten hierdurch eine völlig andere, vom Subjekt und der Situation losgelöste Qualität. Erhalten bleibt so nurmehr das Meßbare des Augenblicks und das zeitliche Nacheinander. Aber was ist das gegenüber dem konkreten Augenblick und dem Erfahrungsgehalt des *Besonderen*?

Der »Augenblick« ist auch der Zeitbegriff der Literatur am Beginn unseres Jahrhunderts. Der »Ulysses« von *Joyce* besteht aus »Augenblicken«, und in *Prousts* »Auf der Suche nach der verlorenen Zeit« wird das Verständnis einer linearen Abfolge von Situationen zugunsten der Diskontinuität von Situationsmomenten verworfen: »Mit großer Erfingungsgabe weist Proust nach, daß jede Situation eine Wesenheit mit eigenem Anspruch ist, die nicht aus vorhergehenden abzuleiten ist, und daß in der Tat ein Sprung erforderlich wäre, um den Abgrund zwischen angrenzenden Welten zu überwinden« (*Kracauer* 1971, S. 151).

Daß unser Leben (nicht nur das der Swann und Bloom) ebenso aus »Augenblicken« besteht, und daß wir durch sie und in ihnen leben, das machen *Negt* und *Kluge* deutlich, indem sie einen Arbeitszeitmesser – das Symbol des Kämpfers für den Fortschritt zu Lasten des unberechenbaren Augenblicks – ins eheliche Schlafzimmer schicken. Dieser sagt:

»Das, was Sie als Eheleute hier tun, ist nicht praktisch. Man kann einige Irrtumshandlungen und Umwege ausgliedern, und Sie erhalten Ihre Höhepunkte, an denen Sie bisher bis zu einer dreiviertel Stunde laborierten, leicht innerhalb einer Minute. Außerdem sollte es nicht dem Zufall der Stimmungen überlassen sein, wann Sie sich auf solches Tun einigen. Sie sollten eine Art Regelmäßigkeit einführen. In der gleichen Zeit eines Monats oder Jahres lassen sich dann mehr Höhepunkte unterbringen. Sie müßten es planen und das humane Grundrecht des Menschen auf geregelten Geschlechtsverkehr ernster nehmen.« Die Eheleute werden widersprechen: »Nach Ihrer Methode sind wir durch, ehe wir ankommen. Wir müssen an einigen der Umwege und Irrtümer festhalten«.   (1981, S. 872).

»Darling, liebst Du mich?« fragt *Charles Boyer* seine Geliebte in einer Szene des Films »Tales of Manhatten«, und *Rita Hayworth* sagt »nein«, indem sie antwortet: »Ja Liebling, aber wir haben nur wenig Zeit.« Was in diesem Fall (und auch in ähnlichen Fällen) zu tun wäre, das hat die deutsche Verkehrswacht in dem warnenden Motto: »Nimm Dir Zeit und nicht das Leben« konzentriert.

Die »Macht der Gefühle« ist in der Zeitform des Augenblicks als Realität anerkannt und die je spezifische Eigenzeit der Gefühle ebenso. »Jeder kennt Gefühle, keiner überblickt sie. Wer die Gefühle beherrscht, verarmt. Wer von ihnen beherrscht wird, muß bald sein Testament machen« (*Kluge* 1984, S. 210). Liebe, Vertrauen, Freundschaft, grundlegende menschliche Äußerungsformen, sind nur möglich durch eine Zeitorganisation, die Gefühle und Verstand, Vernunft und Körper und deren Eigenzeiten nicht auseinanderreißt. Eindeutigkeit kann nur gegen einzelne dieser Lebens- und Beziehungsmomente geschaffen werden. Die menschlichen (Zeit-)Verhältnisse sind widersprüchlich und uneindeutig, und nur gegen sie ist Linearität herstellbar. Daher kann sich Charlotte zum Hauptmann in *Goethes* Wahlverwandtschaften erst dann hingezogen fühlen, als dieser in ihrer Nähe »das erste Mal seit vielen Jahren vergessen hat, seine chronometrische Sekundenuhr aufzuziehen«.

Nur durch sensible Anstrengung, die eher dem Arbeitsstil des mit konkreten Widerständen kämpfenden Bastlers entspricht und weniger der des nach den Prinzipien linear-planerischer Rationalität arbeitenden Ingenieurs, vermag in dieser Vielfältigkeit Vertrauen entwickelt werden. Vertrauen, das weiter und tiefer reicht, als dies je durch eine geplante Organisation herstellbar wäre. Bei ganz wichtigen Terminen traut man daher ja auch dem Wecker nicht mehr und läßt sich von lieben und guten Freunden und/oder Freundinnen anrufen.

Levi-Strauss hat den Handlungstyp des Bastlers näher beschrieben. Damit aber keine Mißverständnisse aufkommen: er unterscheidet sich grundsätzlich vom heute massenhaft vorkommenden Hobby-Heimwerker und dessen planmäßiger und hektischer Zielstrebigkeit.

Der Bastler ist in der Lage, eine große Anzahl verschiedenartigster Arbeiten auszuführen; doch im Unterschied zum Ingenieur macht er seine Arbeiten nicht davon abhängig, ob ihm die Rohstoffe oder Werkzeuge erreichbar sind, die ja nach Projekt geplant und beschafft werden müßten: Die Welt seiner Mittel ist begrenzt, und die Regel seines Spiels besteht immer darin, jederzeit mit dem, was ihm zur Hand ist, auszukommen, d. h. mit einer stets begrenzten Auswahl an Werkzeugen und Materialien, die überdies noch heterogen sind, weil ihre Zusammensetzung in keinem Zusammenhang zu dem augenblicklichen Projekt steht, wie überhaupt zu keinem besonderen Projekt, sondern das zufällige Ergebnis aller sich bietenden Gelegenheiten ist, den Vorrat zu erneuern oder zu bereichern oder ihn mit den Überbleibseln von früheren Konstruktionen oder Destruktionen zu versorgen. Die Mittel des Bastlers sind also nicht im Hinblick auf ein Projekt bestimmbar (...); sie lassen sich nur durch ihren Werkzeugcharakter bestimmen – anders ausgedrückt und um in der Sprache des Bastlers zu sprechen: weil die Elemente nach dem Prinzip »das kann man immer noch brauchen« gesammelt und aufgehoben werden. Solche Elemente sind also nur zur Hälfte zweckbestimmt: zwar genügend, daß der Bastler nicht die Ausrüstung und das Wissen aller Berufszweige nötig hat; jedoch nicht so sehr, daß jedes Element an einen genauen und fest umrissenen Gebrauch gebunden wäre. Jedes Element stellt eine Gesamtheit von konkreten und zugleich möglichen Beziehungen dar; sie sind Werkzeuge, aber verwendbar für beliebige Arbeiten innerhalb eines Typus. (1973, S. 30f.)

Am eigenen Glück kann man »basteln«, linear planen kann man es nicht. Der Bastler ist durchaus jemand, der auf ein Ziel zugeht, geradeaus, aber in Kurven. Er hat den Blick für Einzelteile und nicht die starre Orientierung, die nur mehr die Realisierung des Planes im Auge hat. Als Zaungast des Fortschritts nimmt und gibt er sich aber auch die Freiheit, sein Ziel entsprechend seinen Mitteln und seinen sich entwickelnden Einsichten und Erfahrungen zu verändern. Ebenso hat er die Kraft, auf die eigenen schöpferischen Möglichkeiten bauend, etwas in der Schwebe zu halten, sich in einem nicht klar abgegrenzten Umfeld vager Vorstellungen und unscharfer Verhältnisse zu bewegen. So eröffnet dieses Handeln ohne absolut entschiedenen Horizont, ohne Vorausberechnung dem Bastler die Chance, mit dem Werden von Möglichkeiten zu rechnen. (Dies gilt auch für die Bastelei an einer Antwort auf die Frage »Was tun?«) Ein Verhältnis zur Zeit entwickeln wie der Bastler zu seinem Material, dies ist nicht als Appell zur großen Verweigerung mißzuverstehen. Vielmehr ist dies die Erinnerung an die eigenen Möglichkeiten, mit den Widerständen des (Zeit-)Materials umzugehen. Das ist Erinnerung an die Erfahrung, daß man vom Material (z.B. der Zeit) geprägt wird und daß man sich beim Basteln gar nicht leisten kann, »sein Ich als eng umschlossenes Eigentum zu behüten«. Der Bastler »braucht die anderen, um sich Werkzeug auszuleihen, um mit ihnen Tricks auszutauschen« (*Greffrath* 1984, S. 79). Der Bastler ist das Gegenteil jenes massenhaft auftretenden neuen Zeittypus, den *Tucholsky* als »zappelnden Nichtstuer« bezeichnet (s. o. S. 105).

Das alles kann man auch als Hinweis zur Bescheidenheit verstehen, als Aufforderung, sich um die kleinen Dinge des Lebens, die so klein ja gar nicht sind, zu kümmern. Sicher, das ist auch gemeint. Was mir aber in bezug auf das Zeitthema (und auch für andere Themen, vgl. *Geißler* 1997) viel wichtiger ist, das auch für andere Auseinandersetzung mit der realen Begrenztheit eigener Möglichkeiten, auf deren Basis die individuellen und die gesellschaftlichen Möglichkeiten überhaupt erst realistisch entwickelt werden können. Es ist die Akzeptanz der Nicht-Linearität unseres Lebens und seiner Äußerungsformen.

Zwar steht Professionalität heutzutage hoch im Kurs, doch wenn wir genauer hinschauen und ganz ehrlich sind, basteln wir tagein tagaus an der Zeit, in der Zeit, mit der Zeit, d. h. an unserem Leben – oder an dem, was wir dafür halten.

An *Montaigne*, der dem seinerzeit aufkommenden Fortschritts-optimismus eher skeptisch gegenüberstand und dessen Werk auch deshalb auf dem Index landete, kann man sich gut orientieren:

Lassen wir es doch ein wenig treiben. Wir mögen noch so laut Hüh-Hott schreien, das macht uns nur heiser, aber die Ordnung nicht besser. Die Welt ist nichts als eine ewige Schaukel. Alle Dinge in ihr schaukeln ohn' Unterlaß: die Erde, die Felsen des Kaukasus, die Pyramiden Ägyptens; weil alles schaukelt, weil sie selbst werden und vergehen. Die Beständigkeit selbst ist nichts anderes, als ein träges Schaukeln. Ich kann meinen Gegenstand nicht festhalten. Verwirrt und wankend entschwindet er, von natürlicher Trunken-heit erfüllt. Ich ergreife ihn, an diesem Punkt, so wie er ist, in dem Augenblick, in dem ich mich mit ihm unterhalte.

(Zit. nach *Greffrath* 1984, S. 42)

Davon hat bereits *Platon* gewußt, der in einer Paradoxie die geheime Handlungsmaxime des »Bastlers« zusammenfaßte: »Es sind zwar die Angelegenheiten der Menschen großen Ernstes nicht wert, aber es ist doch notwendig, sie mit Ernst zu betreiben«.

Basteln in und mit der Sprache, das nennen wir Erzählen. Die Regeln fürs Erzählen sind vage, unterschiedliche Wahrnehmungs-muster, Denk- und Ausdrucksweisen sind zugelassen. Sie machen das Überraschende und Attraktive des Erzählens aus, so daß ein breiter Spielraum für individuelle und gemeinsame Interpretationen gegeben ist. Erzählen heißt, die Zeit mit Subjektivität ausfüllen, subjektiv und intersubjektiv mit ihr umgehen. Erzählen heißt auch die nicht-linearen Momente der Zeit bewahren und schützen. *Nabokov* (1962) hat dies am Beginn seiner Erzählung »Gelächter im Dunkel« überzeugend dargestellt:

Es war einmal ein Mann, der hieß Albinus und lebte in Berlin in Deutschland. Er war reich, angesehen und glücklich; eines Tages verließ er seine Frau um eines jungen Mädchen willen; er liebte, wurde nicht wiedergeliebt und endete im Unglück. Das ist die ganze Geschichte, und wir hätten es dabei bewenden lassen, läge nicht Nutzen und Vergnügen im Erzählen; und obwohl auf einem Grabstein Raum genug ist, um, in Moos gebunden, die gekürzte

Fassung vom Leben eines Mannes aufzunehmen, so sind doch Einzelheiten stets willkommen.

Die Einzelheiten sind's, das Besondere, die in der Rationalität unserer instrumentellen Ordnung, speziell unserer Zeitordnung, zunehmend weniger Ausdrucksmittel finden. Die auf vordergründige Oberflächeninformation reduzierte Kommunikation ist keine Unterhaltung. Sie ähnelt jenen Zeitmeßgeräten, die ihrer letzten sichtbaren Symbole beraubt wurden – des Zeigers und des Zifferblattes. Das Erzählen wäre demgegenüber zu fördern – es lebt vom Bildhaften und Montierten, vom Symbolhaltigen und vom Konkreten. Geschichten und nicht nur Geschichte machen, darin besteht die Tätigkeit des Erzählers, des Bastlers mit der Sprache.

Und so sollten dann auch wieder unsere Bücher geschrieben werden, und so sollten sie auch aussehen: denn »was für einen Zweck haben schließlich Bücher, in denen überhaupt keine Bilder und Unterhaltungen vorkommen«, sagt sich Alice, bevor sie ins Wunderland aufbricht.

Niemand hat diese Methode bisher besser beherrscht (und keiner besser beschrieben) als *Lawrence Sterne* in seinem »Tristram Shandy« (1760). Dort, im 14. Kapitel des ersten Buches, verrät er sein Vorgehen:

Könnte ein Geschichtsschreiber seine Geschichte so vor sich hertreiben wie ein Maultiertreiber den Maulesel – geradeaus, sagen wir: von Rom nach Loreto, ohne sich nach rechts oder links umzusehen –, so dürfte er es wagen, Ihnen auf die Stunde vorauszusagen, wann er das Ende seiner Reise erreicht haben werde; doch in der Welt des Geistes ist das unmöglich, denn wenn unser Geschichtsschreiber ein Mann von auch nur ein wenig Geist ist, wird er fünfzig auf keine Weise vermeidliche Abweichungen von der geraden Linie mit der oder jener Gesellschaft, die er am Wege trifft, machen. Sein Auge wird ohne Unterlaß von Aussichten und Ansichten in Anspruch genommen sein, und er wird ebensowenig umhin können, vor ihnen haltzumachen, wie er es zustande zu bringen vermöchte zu fliegen. Er wird zudem verschiedene

> Nachrichten zu vergleichen,
> Anekdoten zu sammeln,
> Inschriften zu entziffern,
> Geschichten einzuweben,
> Überlieferungen zu sichten,
> Großen Herren aufzuwarten,

Lobreden auf diese Tür,
Schmähverse auf jene aufzukleben haben,

von welchen Aufgaben sowohl der Maultiertreiber als auch der Maulesel selber befreit sind. Alles in allem: Vor jedem Abschnitt gibt's Archive zu durchstöbern und Schriftrollen, Urkunden, Dokumente und endlose Geschlechtsregister zu lesen, vor welchen haltzumachen und auf welche einzugehen die Gerechtigkeit und Billigkeit ihn stets von neuem auffordern. Kurzum, das Ende ist an keiner Stelle abzusehen.

Der Herr mit der reizbaren und allgemein erregten Miene – so als wäre er fortgesetzt mit einer unerträglich belastenden Situation konfrontiert – ist grundsätzlich verliebt; genauer gesagt: in solcher Weise würde er sich selbst in diesem Augenblick beschreiben, denn es ist zehn Uhr morgens, und von dieser Stunde an bis gegen elf, spätestens aber bis elf Uhr fünfzehn, liebt er eine vornehme edelmütige, schweigsame, leicht autoritäre und zart zerquälte Dame. Die Situation ist insofern aufreizend, als die Dame von Viertel nach zehn – sieh steht etwas später auf als der Herr – bis halb zwölf einen gebildeten, aber brutalen Tarockstudenten liebt, der während derselben Zeit eine englische Dame liebt, die bei ihrer dreißigsten Sanskritstunde angelangt ist. Um elf Uhr dreißig herum wandelt sich alles: die Sanskritstudentin vernarrt sich in den reizbaren Herrn, der jetzt eine Stunde lang niemanden liebt, wiewohl er eine harmlose Neigung zu einer Kissenstickerin aus der Umgegend verspürt, die gegen zwölf Uhr mittags fünfundvierzig Minuten lang einen wenig erfolgreichen, aber hinlänglich talentierten jungen

Tenor liebt, der in Wirklichkeit bis dreizehn Uhr dreißig in die leicht autoritäre Dame verliebt ist. Der frühe Nachmittag erlebt im allgemeinen eine Abschwächung der wechselseitigen Liebesgefühle, ausgenommen im Falle des Tenors, der weiterhin in hoffnungsloser Anbetung der Sanskritstudentin verharrt. Um siebzehn Uhr schaltet sich ein Zoologe mittleren Alters ein, der nun endlich gemerkt hat, daß sein Leben ohne die natürliche Einfachheit der Kissenstickerin keinen Sinn hat; den Zoologen begleitet seine junge Frau, die abwechselnd entweder daran denkt, ihren zoologischen Ehemann oder die Kissenstickerin, die in Wahrheit noch nicht einmal von der Existenz des Zoologen unterrichtet ist – aus Eifersucht umzubringen, oder sich, falls gerade Freitag oder Dienstag ist – dazu entschließt, den brutalen Tarockler bis zum Wahnsinn zu lieben, der mittlerweile einen verzweiflungsvollen Liebesbrief an eine blutjunge Briefmarkensammlerin geschrieben hat, einen Brief, den er allerdings nicht abschicken wird, da er inzwischen erneut in die leicht autoritäre Dame verliebt ist, welche beschlossen hat, den reizbaren Herrn zu lieben, der erst jetzt eine Ahnung von Glück verspürt, da er der Frau des Zoologen in die Augen geblickt hat, während diese sich gerade im Geiste einem vom Schluckauf ruinierten Bariton widmete, nicht ahnend, daß dieser – von der Briefmarkensammlerin verschmäht – bereits beschlossen hatte, ins Kloster zu gehen und die Suche nach dem Glück aufzugeben, das nicht vereinbar schien mit der Existenz der Uhr.

(*Giorgio Manganelli:* Dreiunddreißig Romane in Pillenform
Taschenalmanach 84 des Verlags Zweitausendeins 1983)

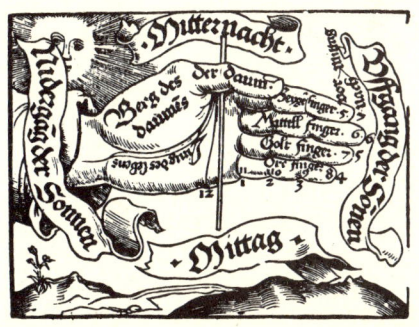

Temporalien: Zeit zum Leben

Diese Temporalien sind keine schnell umsetzbaren Antworten auf die Frage »Was tun?« Das hieße auch, das Leben in eine vorgegaukelte Eindeutigkeit einspannen – wie uns das heute tagtäglich viel zu oft widerfährt. Es sind vielmehr Hinweise auf das, was wir bei unserem zielstrebigen Handeln in einer administrativ verwalteten Welt, in unserem Dauerlauf durch ein geordnetes Leben, alles so am Wegesrand liegenlassen, übersehen und manchmal auch tottrampeln. Möglicherweise sind diese Temporalien sogar Anlaß zur Besinnung – ohne jedoch, wie so manchem Pfarrer gleich, von Besinnung zu Besinnung zu hetzen. Dazu ist das Gelände auch zu holperig – einige Gräben müssen übersprungen werden, es geht querfeldein.

Wie beim richtigen Spaziergang gibt es kein Ziel, und wie beim richtigen Spaziergang ist auch hier Zweck der Anstrengung, frische Luft zu bekommen.

Gezielt ausgewählt ist das Gebiet, das es zu begehen gilt; und dies ist auch notwendig, wenn man das Unbekannte im Bekannten sucht. Es ist in unserem Fall die pädagogische Landschaft. Aber es dürfte nicht allzu schwer sein, Erfahrungen, die man in solchen Regionen macht, und Erkenntnisse, die man dort gewinnt, auf jene Gebiete zu übertragen, die einem näher liegen. Beispiele und Dokumente zeigen die Richtung.

Wiederholung

Die Wiederholung ist zur Strafmaßnahme herabgekommen. Wer wiederholt, ist sitzengeblieben – und das ist in einer auf Fortschritt ausgerichteten Gesellschaft eine blamable Zeitverschwendung. Selbst der Wiederholung sind rigide zeitliche Grenzen gesetzt – wer mehr als zwei Klassen wiederholen muß, hat die Schule zu verlassen. So wird das, was auch als Widerstand gegen das lineare Zeitsystem zu verstehen ist, sogleich wieder ins lineare System integriert. Auch im alltäglichen Schulbetrieb wird die Wiederholung als Strafe eingesetzt: »Du schreibst hundertmal: ›Ich darf den Unterricht nicht durch Gespräche mit meinem Nachbarn stören‹.«

Ja, es soll auch schon einmal ein Lehrer auf die paradox-perverse Idee gekommen sein, als Strafarbeit »Ich darf mich nicht immer wiederholen« zigmal vom Schüler schreiben zu lassen. Die schematische Wiederholung dient dem Lehrer dabei als Ersatz für die magere inhaltliche Bedeutung des geschriebenen Satzes. Ähnliches gilt fürs Nachsitzen. Hierbei ist – aus welchen Gründen auch immer – meist eine Stunde abzusitzen, d. h. nur formal zu wiederholen. Sechs Stunden soll der Schüler dem Unterricht mit Spaß folgen, so die Lehrererwartung, in der siebten soll der Aufenthalt in der Schule dann als Strafe empfunden werden. »Meine Angst – die Wiederholung!« so *Max Frisch* im »Stiller«.

Was wir im pädagogischen Bereich »Wiederholung« nennen und als solche inszenieren, gleicht mehr dem schematischen Takt maschineller Abläufe als dem wiederkehrenden Rhythmus naturbezogener Prozesse. Erwähnt habe ich bereits den die heutigen Verhältnisse konterkarierenden Sachverhalt, daß die Wiederholung von Klassen (das, was wir sprachlich diskriminierend »Sitzenbleiben« nennen) in früheren Jahrhunderten viel enger an die natürlichen Rhythmen des individuellen Lernens angebunden waren und daß diese Anbindung gesellschaftlich ebenso akzeptiert wurde, wie die daraus resultierende Wiederholung von Lehr-/Lernveranstaltungen. In ähnlich engem Zusammenhang mit den subjektiven Rhythmen können Wiederholungen heutzutage meist nur noch bei Kindern erlebt werden. Bei ihnen sind es lustvolle Wiederholungen, durch die sie sich Erfahrungen – z. B. Vertrauen, Verbindlichkeit, Gewißheit, aneignen.

Für das Kind nun verändert sich – so paradox das klingt – manches gerade durch die Wiederholung. Die lustvoll erlebte Erfahrung, die »noch einmal« durchkostet wird, schafft eine fühlbare Festigung von Erkenntnis der Gegenstände, Abläufe, sozialen Bezüge und von Selbstbewußtsein. Ein Kind lernt selten so gut und so gern wie durch die (von ihm selbst gewünschte) Wiederholung. Es arbeitet sich durch die Wiederholung in Zusammenhänge hinein.

(*Sichtermann* 1982, S. 123)

Kindliche Wiederholungen werden, im Gegensatz zum fremdbestimmten Takt-Schematismus unserer schulischen Rituale, vom eigenen Aufmerksamkeitsrhythmus gesteuert. Solches ist lustvolle Wiederholung. Kinder kennen keine Langeweile. Insofern trifft *Voltaires* Sentenz: »Wenn Affen sich langweilten, wären sie Menschen« weitgehend nur auf erwachsene Menschen zu. Zerbrochen ist die Einheit von Wiederholungslust und Lernen bei den Erwachsenen (so *Sichterman* 1982, S. 126). Die Erfahrungen, die man in der Schule und in der technisch-industriellen Arbeitswelt macht, haben den fruchtbaren Zusammenhang von Wiederholung und Erkenntnis verunmöglicht. Man muß ihn (welch naheliegende sprachliche Möglichkeit!) wieder-holen. In diesem Sinne läßt *Handke* den Geologen Sorger in dem Buch »Langsame Heimkehr« (1979) sich selbst auffordern: »Sinn für Wiederholungen kriegen!« Dabei geht es ihm um die Erfahrung der erfrischenden Wiederholung gegen die ermüdende Wiederholung des Wiederholungs-Entschlusses, gegen den Wiederholungszwang, der Wiederholungs-Möglichkeit gegen die Wiederholungsgefahr. »Hier mein anderes Wort«, so Sorger, »für die Wiederholung: Wiederfindung!«

Aus dem Erkenntnismodell und der Lernpraxis der Psychoanalyse kennen wir diese Form der Wiederholung als »Wieder-Einholung«. Nur über solche Wiederholung ist die Lösung vom Vergangenen, vom Alten möglich und die Bereitschaft, Neues anzunehmen, auch real gegeben. Erkenntnisse brauchen nicht unbedingt die Wiederholung, aber Wiederholungen sind unverzichtbar, wenn die Erkenntnisse dann wirksam werden sollen.

Notwendig sind dazu nicht platte, schematische und zwanghafte Wiederholungen, diese rastlose Form der Kompensation von Langeweile, wie sie von den ordnungsfanatischen Putzritualen so mancher Hausfrau bekannt sind, sondern variierende Wiederholungen, die die Möglichkeiten schaffen, Kontraste und Ähnlichkeiten wahrzunehmen und zu charakterisieren. Gemeint ist eine Form der Wiederholung, wie wir sie z. B. in der Musik kennen, wo durch die Wiederholung sich die Entwicklung des Themas überhaupt erst ergibt: wiederholen, um etwas hinzuzusetzen. Dies ist nicht die kreisförmige, eher die spiralförmige Wiederkehr, in der sich die Abweichung vom Üblichen, vom Konstanten, auch niederschlägt. Dies fördert die Wirksamkeit von Lehr-/Lernprozessen. Dafür plädiert auch der Soziologe *Simmel* in seinen posthum publizierten pädagogischen Reflexionen, in denen er die Lehrer dazu auffordert, den »Kern des Lehrstoffes in immer neuen Metamorphosen, in immer neuen Verbindungen den Schülern darzustellen« (1922, S. 45).

Erfolgreiche Wiederholung, dies gilt für Liebesbeziehungen
ebenso wie für Lehr-/Lernbeziehungen, ist nie nur Wiederholung,
sie ist auch Wiederkehr.

Warten: oder das Lob der Langsamkeit

Wer sich eine Vorstellung davon machen will, wie unsere Gesell-
schaft das Warten bewertet, der gehe nur in die Wartesäle unserer
Bahnhöfe. Beim Warten wohlfühlen – das darf nicht sein. Ebenso-
wenig wie in den Raststätten (welch schöner Begriff für solch
heruntergekommene Wartekultur) unserer Fernstraßen darf ein
Gedanke daran aufkommen, welche Möglichkeiten Warten birgt.
Der Aufenthalt in den Warteräumen unserer Bahnhöfe scheint die
Strafe dafür zu sein, daß man den Zug der Zeit nicht immer und

warten schw. Ztw. mhd. *warten*, ahd. *wartēn*
'ausschauen, erwarten', asächs. *wardōn* 'behüten,
bewachen, versorgen, sich hüten', mnd. *warden*
'erwarten, Anwartschaft haben, besorgen, sich
hüten', mnl. *waerden*, afries. *wardia* 'besorgen',
ags. *weardian*, anord. *varða* 'bewachen': eine
gemeingerm. Bildung, nur got. nicht belegt
(doch s. Wart). Auf früher Entlehnung aus dem
Germ. beruhen frz. *garder* 'bewachen', *regarder*
(afrz. auch *esgarder*) 'schauen', ital. *guardare*,
span. portug. *guardar* 'behüten'. Das schw. Ztw.
ist abgeleitet vom *F.* Warte (germ. **wardō-*),
dies part. Bildung zur Wz. von wahren, s. d.
und warnen. Grundbed. ist somit 'sehen',
woraus sich im Dt. 'auf jem. hinsehen, den man
erwartet' entwickelt hatte. Damit war warten
befähigt, in spätahd. Zeit an die Stelle des
gemeingerm. beiten zu treten, das in nl. *beiden*,
engl. (*a*)*bide*, schwed. *bide*, dän. *bie* 'warten'
erhalten ist und bis in frühnhd. Zeit auch
bei uns, in einigen obd. Mundarten sogar bis
heute fortlebt: v. Bahder 1925 Wortwahl
93. — Die Laut- und Wortgeographie zu
'warten' bieten der Dt. Sprachatlas und der
Dt. Wortatlas.

(*Kluge*: Etymologisches Wörterbuch)

überall rechtzeitig erwischt. »Rast-los« ist auch das praktisch pädagogische Handeln. Die Rast ist für den Pädagogen ein schweres Los. Für einen Lehrer gibt es nur wenig stärker angstbesetzte Situationen als jene, in denen nichts geschieht. Warten ist nur mehr überflüssige Zeitverschwendung – und richtet sich gegen die Schulordnung. »›Sir, für die Antwort brauche ich etwas Zeit!‹ Der Unterlehrer war irritiert. Es gab Schülerverbrechen, die selbst ihm keine Freude machten. Mehr Zeit zu verlangen, das war keine Zucht mehr« (*Nadolny* 1983, S. 34).

Der ökonomische Geist begreift Warten als möglichst rasch zu behebende »Disproportion in der Angebot-Nachfrage-Relation« und als ein Resultat »mangelnder Zeitsynchronisation« (*Bergmann* 1981, S. 168f.); von ihm sind u.a. auch die im Erziehungsbereich Handelnden infiziert.

»Warten« wird in dieser ökonomisierten Welt dann gesellschaftlich auch nur mehr dort als sinnvolles Verhalten akzeptiert, wo es um die Pflege des Zivilisationsfetischs »Auto« geht. Wer als Lehrer auf den sich je spezifisch entwickelten Erkenntnisprozeß der Schüler wartet, kommt bei diesen, mehr aber noch bei seinen Kollegen und Vorgesetzten, schnell in den Verdacht, sich nicht gut vorbereitet zu haben. Die Kehrseite davon sind Schüler, die es als Nötigung erleben, wenn sich ein mutiger Lehrer einmal traut, die Erwartung zu enttäuschen, er sei primär zu ihrer Unterhaltung da.

Warten, langsam-sein heißt nicht »rumsitzen«. Gemeint ist vielmehr eine aktive Art der Passivität, die den Zwang, immer handeln, immer sprechen zu müssen (diese inhaltsleere Hektik, die den »zappelnden Nichtstuer« produziert), außer Kraft setzt.

Warten ist anstrengend – das kann jeder pädagogisch Tätige erfahren, wenn er nur zwanzig Sekunden lang am Anfang einer Veranstaltung die Erwartungen der Lernenden auf sich einwirken läßt, ohne sofort mit dem Reden zu beginnen. Sich-einlassen in Situationen und nachdenkend darin sich auch einrichten, dies ist die Chance solcher Zurückhaltung. Der Wartende lädt die Zeit ein und gibt sie in veränderter Gestalt – jener der Erwartung – wieder ab (vgl. *Benjamin* 1982, S. 164). *Rexroth* hat die Möglichkeiten, Erfahrungen zu machen, mit dem »Warten-können« in einen engen Zusammenhang gebracht:

Man muß zu einem Teil passiv sein, um etwas zu erfahren, sich von sich selbst entfernen, um eine Erfahrung zu machen, in deren Bewußtsein man sich dann wieder seiner selbst vergewissert. Ob man Erfahrungen macht, ist daher nicht ganz zu berechnen (...) Man bekommt sie nicht geschenkt«.   (1980, S. 78)

Erinnert sei an das, was »Warten« früher (vor nicht allzulanger Zeit) bedeutete. Im Grimmschen Wörterbuch finden wir folgende Definition: »*Warten*, verb., wohin schauen, seine Aufmerksamkeit auf etwas richten, versorgen, pflegen, einem dienen, Anwartschaft haben, harren usw.« Enthalten ist in dieser Wortbedeutung, sich wohlwollend und geduldig einer Person oder einer Sache anzunehmen. Wachsen und reifen lassen, Entwicklungen aufmerksam verfolgen, diese Einstellungen zeigen die Nähe des Warten-Könnens zu innerer und äußerer Natur. »Wenn man mit dem Wasser zu thun hat, kann man nicht sagen: ich werde heut da oder da seyn«, so *Goethes* Erfahrung anläßlich seiner Schiffahrt im September 1786 auf dem Gardasee zwischen Torbole und Malcesine. Alles Lebendige ist unberechenbar. So auch wirkliche Bildung. Sie braucht Geduld.

Geduld, ist etwas anderes als bloße Gleichgültigkeit, vielmehr ist sie die Fähigkeit, unter Verzicht auf das eigenwillige Vorwärtsdrängen im Einklang zu leben mit dem, was sich nach eigener Gesetzlichkeit entwickelt. Geduld ist die eine große Tugend im Verhältnis zur Zeit. Wir können die Aufgabe auch dahin bestimmen, daß es darauf ankommt, die Übereinstimmung zu gewinnen zwischen subjektiver und objektiver Zeit, wobei unter objektiver Zeit nicht die Uhrzeit gemeint ist, sondern die Eigenzeit eines vom Menschen unabhängigen Geschehens, in das der einzelne Mensch eingegliedert und auf das er angewiesen ist. Oder wenn wir den Begriff der Zeit im Sinne dieser objektiven Zeit nehmen, können wir die Aufgabe auch dahin formulieren: es komme darauf an, daß der Mensch im Einklang mit der Zeit lebt. Im Einklang mit der Zeit heißt dann wieder: daß er sein persönliches Tempo ihr anpaßt, ohne hastig vorwärts zu drängen oder lässig hinter ihr zurückzubleiben.   (*Bollnow* 1969, S. 5)

Lernen, Erkenntnisse und Erfahrungen vermitteln und aneignen, dies geht nicht auf einem geraden, linearen Weg. Umwegiges Suchen über holprige »Feld«-wege und nicht auf vorgefertigten, breiten, naturzerstörenden Schnellstraßen mit Überholungszwang gewährleisten die Aneignung des Neuen und dessen Integration ins bereits Gekonnte. »Wer gibt uns die Zeit, um in jenes Unsichere uns einzulassen, dessen Ausstehen allein vor dem Scheinerfolg schützen und uns wirklich Sicherheit geben kann?« – so fragt *Wagenschein* (1973, S. 161) und hinzuzufügen wäre: Wer nimmt sie sich? Nun mag es gesellschaftlich diskriminierend sein, in seinem beruflichen Handeln mehr dem ambulanten Händler (Betteln und Häusieren verboten!) und dem auf der kurvenreichen Landstraße Dahinvagabundierenden zu gleichen als dem smarten, anpassungsfähigen, rastlos dynamischen Jungmanager mit seiner Time-is-money-Mentalität; aber diese Spannung muß, soll Bildung wirklich geschehen, ertragen werden.*

»Wären wir ruhiger, langsamer, so ginge es uns besser, ginge es schneller mit unseren Angelegenheiten voran« (*R. Walser* 1978, S. 33). Zielstrebig, aber nicht rastlos, links und rechts schauend, zurückblickend, sich und die Natur genießend, eher dem mäandrierenden Weg des Maines als dem des geraden Rhein-Main-Donau-Kanals gleichend, so müßte, so könnte Leben, Lehren und Lernen vonstatten gehen. Voraussetzung ist, daß man sich an den Wegen und Umwegen der Erkenntnisgewinnung bei den beteiligten Subjekten ausrichtet: erwanderte Erkenntnis. Eine Episode, die *Hans Freyer* bei einem Besuch in der Türkei erfuhr und die *Jürgen Habermas* weitererzählte, bringt diese Einstellung zum Ausdruck:

Ein hochbetagter, strenger Mohammedaner läßt sich, zur Pilgerszeit, nach langem Drängen der Familie dazu bewegen, diesmal statt des beschwerlichen Fußwegs nach Mekka das Flugzeug zu besteigen. Zurückgekehrt und befragt, wie es denn gewesen sei, meint der Alte, doch wohl nicht mit dem Geiste in Mekka gewesen zu sein, denn – »der Geist geht zu Fuß«.   (1956, S. 214)

Zu Fuß gehen heißt, Eigenzeit in Anspruch nehmen, bedeutet einen eigenen Rhythmus finden und umsetzen. Eine solche subjektive Zeitgestaltung läßt Zeit für wechselnde Erfahrungsperspektiven,

---

* Selbstverständlich wartet auch dieser Jungmanager: »In Wahrheit warten wir alle« schreibt *Pavese* (1983, S. 19). »Alle sind wir unruhig, ob wir sitzen oder daliegen oder ob wir uns zusammenrollen; und in uns ist eine Leere, ein Warten, das uns einen Schauder über die nackte Haut jagt« (ebd.). Die Hektik ist der Stil unserer Zeit, mit diesem Warten fertig zu werden – ein Karussell, das sich immer schneller dreht und das, da der Schausteller mitfährt, wahrscheinlich nur durch einen Unfall zu stoppen ist.

für das Annähern an abweichende An- und Absichten. Will man dies, wäre das Langsamwerden der Aufmerksamkeit, bei dem »die Berührung von Wirklichkeit wichtiger ist als ihre schleunige Beherrschung« (*Rumpf* 1983, S. 34), zu schätzen. Die Aufgabe des Pädagogen bestünde dann nicht darin, die Lernenden ungeduldig hinter sich herzuzerren, bis ihnen schließlich die Zunge heraushängt (und diese Geste kann dann vom Lehrer auch noch guten Gewissens mit einem Tadel im Klassenbuch vermerkt werden). Vielmehr bestünde sie in der Anleitung zur Entwicklung und zur Ermögli-chung von Eigenzeiten, die die einzelnen Subjekte zur Konzentra-tion und zur Aufmerksamkeit benötigen. Zeit würde so zum Raum und zum Schutz für kognitive und emotionale Entwicklung.

Damit verbunden wäre ein Respekt vor der Eigengesetzlichkeit des Individuums und das Abkoppeln von der verbreiteten Hybris, alles machen, alles planen, alles erreichen zu können. Dies gilt selbst für den ökonomischen Bereich: »Ohne Geduld waren Kaufleute nur Räuber« (*Nadolny* 1983, S. 105).

Nadolny erzählt in dem lesenswerten Roman »Die Entdeckung der Langsamkeit« die Geschichte eines erfolgreichen Außenseiters, des englischen Seefahrers und Polarforschers *John Franklin* (1786 bis 1847), und dessen Kampf um Anerkennung von Eigenzeit. Es ist die Geschichte vom engen Zusammenhang zwischen erfolgreicher Entdeckung, langsamer Beobachtung und konzentrationsfördern-der Geduld. Wenn Bildung mit Entdeckung etwas zu tun hat und zu tun haben soll, dann trifft dieser enge Zusammenhang notwendiger-weise auch hierfür zu. Denn wer sich nicht in die Gefahr begibt, der entdeckt auch nichts. Der kommt, laut *Brecht,* auch darin um.

Zeitsouveränität

Text: Kh. A. Geißler/Grafik: Ch. Oberhuemer

Über das Gehen

Wer geht, sieht im Durchschnitt anthropologisch und kosmisch mehr, als wer fährt. (...) Ich halte den Gang für das Ehrenvollste und Selbstständigste in dem Manne, und bin der Meinung, daß alles besser gehen würde, wenn man mehr ginge. Man kann fast überall bloß deßwegen nicht recht auf die Beine kommen und auf den Beinen bleiben, weil man zu viel fährt. Wer zuviel in dem Wagen sitzt, mit dem kann es nicht ordentlich gehen. Das Gefühl dieser Wahrheit scheint unaustilgbar zu seyn. Wenn die Maschine stecken bleibt, sagt man doch noch immer, als ob man recht sehr thätig dabei wäre: Es will nicht gehen. (...) Wo alles zuviel fährt, geht alles sehr schlecht: man sehe sich nur um! So wie man im Wagen sitzt, hat man sich sogleich einige Grade von der ursprünglichen Humanität entfernt. Man kann niemand mehr fest und rein ins Angesicht sehen, wie man soll: man thut nothwendig zuviel, oder zu wenig. Fahren zeigt Ohnmacht, Gehen Kraft. Schon deßwegen wünschte ich nur selten zu fahren, und weil ich aus dem Wagen keinem Armen so bequem und freundlich einen Groschen geben kann. Wenn ich nicht mehr zuweilen einem Armen einen Groschen geben kann, so lasse mich das Schicksal nicht länger mehr leben!

(J. G. Seume, Mein Sommer. 1805. Aus der Vorrede »Lieber Leser!«, 1839, S. 4f.)

Kommt Zeit – kommt Rat

Fasse nicht als erster auf die Platte, die man gerade bringt, nicht nur, weil es als gierig erscheint, sondern weil es zu gleich mit Gefahr verbunden ist. Denn wer unerfahren etwas Heißes in den Mund nimmt, muß entweder ausspucken oder sich den Gaumen verbrennen, wenn er es herunterschluckt.

(Erasmus von Rotterdam, De civilitate morum puerilium, 1530)

Hier sind Pillen gegen den Durst, so daß man nicht mehr zu trinken braucht. Sie bedeuten eine große Zeitersparnis: Fachleute haben ausgerechnet, daß man damit 53 Minuten pro Woche sparen kann. – Und was macht man mit diesen 53 Minuten? – Man macht damit, was man will ... – Wenn ich 53 Minuten zur Verfügung hätte, dachte der kleine Prinz, dann würde ich ganz gemächlich zu einem Brunnen spazieren. *(Saint-Exupéry,* Der kleine Prinz)

Mein Appell an alle Eltern: nie, nie »mach schnell« zu einem Kind zu sagen! *(Nabokov,* Sprich, Erinnerung sprich)

Pausen

1894 schrieb *Emil Kraepelin* in einem Aufsatz »Über geistige Arbeit«:

Zum Heile für unsere heranwachsende Jugend hat die gütige Natur ihr ein Sicherheitsventil gegeben, dessen Wert nicht hoch genug gepriesen werden kann – das ist die Unaufmerksamkeit (…) Daraus ergibt sich die unerwartete Folgerung, daß bei der heutigen Ausdehnung des Unterrichts langweilige Lehrer geradezu eine Notwendigkeit sind. Würden alle Lehrer verstehen, bei ihren Schülern ein hinreißendes Interesse für ihren Unterrichtsgegenstand zu erwekken und wach zu halten, so würden die Kinder trotz rasch wachsender Ermüdung zu dauernden geistigen Kraftanstrengungen geführt, deren Folgen wir gar nicht zu übersehen vermögen.

(1894, S. 43)

Ein Lob dem langweiligen Lehrer, der es den Schülern ermöglicht, auszuspannen, nicht aufpassen zu müssen, abschalten zu können, Pausen zu machen. Wer »Pausen-los« auf die Schüler einredet, wer ohne Unterbrechung die Lernenden fordert, so wie ihn die beurteilenden Ausbilder bevorzugen, entspricht unter dieser Perspektive nicht unbedingt dem Ideal eines guten Lehrers. Lehrer jedoch sind selbst Gehetzte. Die Administration tobt ihre Regelungs- und Kontrollbedürfnisse zu Lasten individueller Zeitgestaltung der Betroffenen aus. Analog den jeweils im Frühjahr regelmäßig wiederkehrenden Kampagnen zur Säuberung der Anlagen von widerrechtlich weggeworfenem Müll ordnen die zuständigen Administratoren in Kultusministerien, Schulämtern und Schulleitungen die »Entrümpelung von Lehrplänen« zur Förderung sogenannter »Effektivität« in unseren Bildungsinstitutionen an.

Pausieren im Unterricht wird für Schüler und Lehrer immer weniger möglich, Pausen werden zunehmend illegitim, und jene auch offiziell genehmigten Pausen zwischen den mit Inhalten überladenen Unterrichtsstunden werden immer kürzer. Auch wenn sie offiziell zeitlich unverändert bleiben, werden sie allein durch die Notwendigkeit, weit auseinander liegende Klassenzimmer und/oder Funktionsräume (!) im »Fertigungsbetrieb« Schule aufzusuchen, immer kleiner. Mancher Bürokrat sähe Pausen liebend gerne abgeschafft, aber – dies sieht er natürlich ein – zur Überbrückung von Räumen braucht man eben Zeit. Wer von ihnen weiß eigentlich, daß Pause von »pausa« (»Innehalten«) abzuleiten ist?

Das Nonstop-Programm unserer Bahnhofskinos scheint zunehmend zum formalen Vorbild für die Zeitorganisation unserer Bildungsinstitutionen zu werden. Ebenso wohl auch die Organisation des Fernsehangebotes. Auch dieses kennt keine Pause. Wenn das Programm läuft, dann ist jede Pause eine Störung, die möglichst rasch mit einem Pausenfüller zum Verschwinden gebracht werden muß. »Mach mal Pause«, dieser werbewirksame Spruch kann nur dort erfolgreich sein – und das ist er ja –, wo alle rastlos hinter anderen und sich selbst herlaufen.

Kulis ‚Rache‘: Sendepause für Millionen

Showmaster machte zu früh Schluß

Hannover (AZ) – Darauf waren die Programm-Macher der ARD nicht gefaßt: Bei seiner Samstagabend-Show „Einer wird gewinnen" (EWG) machte Showmaster Hans-Joa- chim Kulenkampff diesmal neun Minuten früher als geplant Schluß. So überrascht waren die TV-Gewaltigen von der Überpünktlichkeit des als „Dauer-Überzieher" Im- mer wieder gescholtenen Publikums-Lieblings, daß die Millionen Fernsehzuschauer minutenlang nur das Pausenzeichen zu sehen bekamen. „Kuli" kostete seine „Rache" an

Pausen müssen, so kann man dies nur interpretieren, bedrohlich auf jene wirken, die sich um den Lehr-/Lernprozeß und dessen zeitliche Organisation kümmern. So wie eben auch das Schweigen während des Unterrichts oftmals eine Bedrohung für den Lehrer darstellt.

Daß unterrichtspraktische Handbücher beim Stichwort »Pause« nichts zur Sache selbst, sondern nur etwas zu ihrer Verwaltung zu sagen haben, beweist dies:

Pausen

An einhäusigen Schulen finden Sie eine Pausenordnung vor. Die Einteilung dieser Pausenaufsicht erfolgt in der ersten Lehrerkonferenz.
VSO 303: »In größeren Schulen kann der Schulleiter die Pausenaufsicht in den Gängen des Schulhauses oder auf dem Schulhof einzelnen Klassenlehrern im Wechsel übertragen.« Bei mehrhäusigen Schulen, wenn Sie also alleine an einer Außenstelle unterrichten, trifft für Sie der erste Teil der Ziffer 303 der VSO zu: »Die Aufsicht des Lehrers erstreckt sich auch auf die Pausen. Für die Aufsicht während der 20-Minuten-Pause ist grundsätzlich der Klassenlehrer verantwortlich.« Dies trifft natürlich analog auch auf die 10-Minuten-Pause bei sechs Unterrichtsstunden zu. – Erst wenn die Schüler ihr Pausenbrot verzehrt haben, sollten Sie sie spielen lassen. »Der aufsichtsführende Lehrer muß seinen Standort so wählen, daß er alle Schüler überblicken kann« (zu Ziffer 303). Die VSO fährt fort: »Wenn die Pause zwischen zwei Fachstunden liegt, die vom gleichen Fachlehrer erteilt werden, führt dieser die Pausenaufsicht.«
Bei mehrhäusigen Schulen und bei Einsatz an verschiedenen Schulorten dauert Ihre Aufsichtspflicht so lange, bis der Sie ablösende Kollege eintrifft.

(G. Krebs in: *Meißner/Zöpfl,* (Hrsg.): Handbuch der Unterrichtspraxis. 1973², S. 168)

Dies ist alles zum Stichwort »Pause«, mehr steht wirklich nicht in diesem Handbuch. Spätestens in den Pausen wird der Lehrer zum Polizisten. Pausenordnungen gleichen Fabrikordnungen. Solches hat Tradition. Bereits in der preußischen Pausenordnung (so etwas gab es wirklich!) ist der Weg vorgezeichnet. Allein im Unterschied zu den Ausführungen im oben zitierten Handbuch hat man hier noch an die Schüler – wenn auch bürokratisch – gedacht:
»Die Zeitdauer jeder Pause ist mindestens so zu bemessen, daß eine ausgiebige Lufterneuerung in den Klassenzimmern eintreten kann und die Schüler die Möglichkeit haben, sich im Freien zu bewegen« (zit. nach *Roloff* 1914, S. 1128). Das sogenannte »Freie«, in dem sich die Schüler bewegen können, hat nichts damit zu tun, daß sie sich dort auch »frei« bewegen könnten.

Nur allzu verständlich ist, daß solche Ordnungen den Widerstand der Schüler provozieren. Die Pausenordnung stellt einen willkommenen Anlaß dar, Unmut, Unzufriedenheit, Widerstand gegen die Schule, gegen die Lehrer und die Verwaltung eben durch die Übertretung dieser Ordnung zu artikulieren und entsprechend zu handeln.*

Die Pausenrealität als folgenreiche Spielwiese für administrative Ordnungsfanatiker aufgezeigt zu haben, ist zwar ein wichtiger Schritt – aber man muß weiter gehen. Vorgezeichnet ist die Richtung durch *Klatts* ehemals verbreitete Schrift »Die schöpferische Pause« (1923). *Klatt* faßt die Entwicklung von Lehr-/Lernprozessen als etwas Organisches, rhythmisch Gesteuertes auf – ganz im Gegensatz zu den Lehrplanentrümplern und Zeitraffern unserer Tage. Lehren und Lernen unterliegen einem Rhythmus; den äußere und innere Natur vorgeben. Individuell verschieden – und dies macht eine Seite der Subjektivität von Lehrenden und Lernenden aus – wechseln im Bildungsprozeß Phasen der Anspannung, der Konzentration, der Aktivität, der Aufmerksamkeit mit solchen des Nachlassens, des Gehenlassens, der Ruhe und der Unaufmerksamkeit. Obgleich in physiologischen Untersuchungen starke individuelle Abweichungen bei den Schülern (z. B. in deren Ermüdung) festgestellt wurden, nimmt der sog. Klassenunterricht hierauf wenig Rücksicht. *Klatt* nun plädiert für einen stärker individualisierenden Unterricht, z. B. für eine mehr an den beteiligten Subjekten

---

* Das Zeitthema hätte man auch als eine Geschichte der »Pause« schreiben können. Genauso wie man für eine »Geschichte der Lehrerrolle« in den Regelungen und Empfehlungen zur Pausenordnung viel Material findet. Ein Beispiel soll genügen: »Ein Hauptaugenmerk hat der beaufsichtigende Lehrer in den Pausen schließlich noch zwei Umständen zuzuwenden:

1. es ist längeres Verweilen auf den Aborten (s. d.) wegen der Gefahr der sexuellen Verfehlungen zu verhüten;

2. es ist darauf zu sehen, daß die Schüler während der Pausen den Schulhof ohne besondere Erlaubnis nicht verlassen. Fehlt letzterer sogar, so kann man wohl das unerfreuliche Schauspiel beobachten, daß die Schüler Butterbrot essend sich über einen ganzen Stadtteil hin zerstreuen, einer nahe gelegenen höhern Mädchenschule einen Besuch abstatten, die Konditoreien (Eisessen!) bevölkern und in Automatenrestaurants selbst Alkohol zu sich nehmen. Da die so notwendige Beaufsichtigung (s. d.) bei dieser Gestaltung der Pausen natürlich gänzlich unmöglich ist, wird man fast versucht zu wünschen, es möchte infolge dieser Umstände einmal ein Fall von Haftpflicht (s. d.) eintreten, damit dieser Mißstand der Pausen abgestellt würde«. (*Roloff* 1914, S. 1130)

orientierte Pausenregelung, ebenso wie er auch auf eine an den Rhythmen der Tageszeit und der Jahreszeiten bezogene Unterrichtszeit Wert legt. Er kritisiert »diese ganz moderne Zeitbewirtschaftung« und fordert, daß das »Erziehungswesen in seiner Gesamtheit eine großzügige Gegenarbeit gegen den Zeitschacher leisten müßte« (1929, S. 12).*

Sieht man Pausen als zwar physiologisch notwendige, aber eigentlich überflüssige Unterbrechung des Lehr-/Lernprozesses an – analog den Pausen im Arbeitsbereich –, kann man nur eine mehr oder weniger verdeckte Kampfhaltung gegen sie einnehmen. Ganz anders hingegen werden Pausen z. B. in der Musik und in der Dramaturgie von Theaterstücken als ein wesentlicher Teil des Rhythmus positiv bestimmt.

Es wäre nicht der unwichtigste Lernprozeß für Lehrer und Schüler, die sich ja besonders gern die Stücke von *Bert Brecht* ansehen, zu erkennen, wie dort die Handlung unterbrochen wird, um Platz für den Zuschauer und dessen Assoziationen, für dessen Denkprozesse und Urteile zu schaffen.**

Auch in der Musik haben Pausen positive Funktionen. Sie sind integraler Bestandteil des Rhythmus und ebenso wichtig wie die Noten. In *Wagner*s »Tristan« z. B. fördern sie die Dramatik, in anderen Kompositionen wirken sie spannungsreduzierend.

Als ein Beleg für die Wirkung von Pausen hier eine Deutung der Takte 101–105 im langsamen Satz von *Beethoven*s Streichquartett op. 18,1:

---

* Als Anmerkung noch eine Absurdität unseres daran sehr reichen institutionalisierten Bildungswesens. »Hitzefrei« ist eine der wenigen Situationen, in denen auf Phänomene der Natur um uns herum in der Schule noch reagiert wird. Berufsschüler aber – für die das Wetter ja auch zutrifft – erhalten kein »Hitzefrei«, obgleich für die meist älteren Fachoberschüler im häufig gleichen Schulgebäude der Unterricht bei über 25° ausfällt. Als in einem der letzten Winter getrierender Regen die Straßen in Eisbahnen verwandelte, wurde über den Rundfunk bekanntgegeben, daß an diesem Tag die Schule ausfallen würde. Für Berufsschüler – dies wurde gesondert in der Durchsage erwähnt – galt diese administrative Entscheidung nicht.

** Vgl. dazu *Bert Brecht* (»Kleines Organon für das Theater«, 67. Abschnitt) und auch *Horvath*, der in der Gebrauchsanweisung für sein Stück »Kasimir und Karoline« schreibt: »Bitte achten Sie genau auf die Pausen im Dialog, die ich mit ›Stille‹ bezeichne – hier kämpft das Bewußtsein oder Unterbewußtsein miteinander, und das muß sichtbar werden« (1972, S. 664).

Vor Beethoven gab es in der Musik wohl nur rhythmische Pausen, welche je nach ihrer Stellung als End- oder Innenpausen eine destruktive oder konstruktive Bedeutung hatten. Beethoven baut die agogische Pause in die Entwicklung ein. An Stellen, wo die stärkste Kraft gespannt ist, wo ein Ton, eine Befreiung erwartet wird, schweigt er, nicht symbolisch wie Mozart, sondern real. Am Ende des langsamen Satzes des F-dur Quartetts, Opus 18, Nr. 1, stehen solche Pausen (...) zwischen den drei Schlägen liegt eine niederdrückende Stille, die nicht enden will, und die sich dann auslöst in dem plötzlichen, einem Aufschrei ähnlichen Ausbruch und dem jähen Zurücksinken des folgenden Taktes. Die ganze Stelle ist der absolute Höhepunkt des Satzes; in seinem Zentrum steht die Pause. *(Mersmann* 1926, S. 271/272)

Die Pause kann in der Musik vielfältige Funktionen haben: »als Interpunktion, als Aufhaltung der Spannung, als Verstärkung der Spannung, als Trugschluß, als Kulmination der Spannungswoge; sie kann auch die Funktion einer Entladung der Spannungsdynamik, eines Erlöschens der klanglichen Bewegung erfüllen. Als Faktor der Architektonik, d. h. der Partikulation der Form, wirkt sie in deren verschiedenen Dimensionen, von der Gesamtheit eines Zyklus-Satzes bis zu dessen kleinsten Motiven« (*Lissa* 1962, S. 346).

Generell jedoch gilt – und dies trifft auf den Lehr-/Lernprozeß und dessen spezifische Dramaturgie ebenso zu –, daß die Funktion der Pausen vom Gehalt der sie umrahmenden Phasen abhängt. Die Musik wäre am Ende, würden Pausen für alle Kompositionen gleichermaßen einheitlich geregelt, wie dies z. B. im institutionalisierten Bildungsbereich Schule ja tagtäglich geschieht.

Verständlich ist daher die Klage von *Wolff* (1932, S. 552), daß die Vernachlässigung der Pause »das Kreuz des Schulgesanges« sei. Und er empfiehlt: »Zu seiner Überwindung bedarf es einer bewußten Pflege des Sinnes für Rhythmus«. Aber dies wird schwerfallen; von dieser »bewußten Pflege« kann in der Schule keine Rede sein. Als ein aktiv mitwirkender Faktor, der sehr unterschiedliche Funktionen für Lehrer und Schüler zu erfüllen hat, z. B. Nachdenken, Nacherleben, Abschalten usw., wird die Pause dort schon lange nicht mehr begriffen.

Für die glücklicherweise vom Ordnungsfanatismus der Bürokratie noch etwas verschont gebliebene Erwachsenenbildung hat *Kade* am Beispiel des »schwierigen Teilnehmers« in der Erwachsenenbildung die produktiven Funktionen der Pause im Lehr-/Lernprozeß überzeugend aufgezeigt. Er resümiert:

Der Ansatz für eine positive Bestimmung der Pause liegt darin, daß die Individuen in ihr Raum haben, mehr oder weniger frei von den im allgemeinen durch den Dozenten zur Geltung gebrachten Lernerwartungen und Lernmethoden, das in diesem Lernprozeß von ihrer Persönlichkeit Ausgegrenzte und Abgespaltene sich wieder anzueignen, und zwar in einer Form, die nicht zur Zerstörung des gemeinsamen Lernprozesses führt (...) Es entspricht einer oft gemachten Erfahrung, daß man einen Moment zurücktreten und Abstand gewinnen muß, um sein Verhältnis zum Lernprozeß begreifen und auf ihn einen konstruktiven Einfluß nehmen zu können. Diese Distanz verlangt nicht notwendig eine äußerlich klar umrissene, allgemein verbindliche Phase. Teilnehmer können die Distanz auch individuell und unmittelbar im Kurs sich schaffen, indem sie z. B. schweigen und nachdenken. Aber sicher sind Pausen eine Hilfe für einen individuellen Selbstverständigungsprozeß; für den kollektiven sind sie eine beinahe notwendige Bedingung. Pädagogisch sinnvoll scheint mir also, die Pause nicht nur als bloße Unterbrechung, sondern zugleich als einen notwendigen, dem Lernprozeß zugleich integrierten Teil zu begreifen.   (1983, S. 197)

Noch revolutionärer aber wäre es, Pausen als Geschehen ohne Bedeutung zuzulassen: »Plan-los«, aber nicht »Rast-los«, denn, so *Klatt* (1923, S. 58), »in den Ruhekernen liegt die Entfaltung des Lebens beschlossen«. Vielleicht könnten wir dann auch Pausen machen, ohne durch Klingelzeichen oder Werbespots dazu aufgefordert zu sein.

Dies scheint mir ein guter Schluß für ein unabschließbares Thema, zumal sich an dieser Stelle Inhalt und Form ja so elegant berühren.

Literatur

Achternbusch, H. (1982): Chinchinsinn. Ein Roman vom Land- und Seelenleben. In: Freibeuter 14. Berlin

Adorno, Th. W. (1970): Minima Moralia. Reflexionen aus dem beschädigten Leben. Frankfurt

Anders, G. (1980): Die Antiquiertheit des Menschen; Bd. 2: Über die Zerstörung des Lebens im Zeitalter der dritten industriellen Revolution. München

Arendt, H. (1982): Vita activa oder: Vom tätigen Leben. München

Ariès, Ph. (1975): Geschichte der Kindheit. München

Aschoff, J. (1983): Die innere Uhr des Menschen. In: Die Zeit (Schriften der Carl-Friedrich-von-Siemens-Stiftung, Bd. 6). München

Attali, J. (1982): Histoires du temps. Paris

Barthes, R. (1984): Fragmente einer Sprache der Liebe. Frankfurt

Becker-Schmidt, R. (1980): Widersprüchliche Realität und Ambivalenz: Arbeitserfahrungen von Frauen in Fabrik und Familie. In: Kölner Zeitschrift für Soziologie und Sozialpsychologie, 32. Jg., Heft 4

Becker-Schmidt, R. (1983): Erfahrung, Denken, Wirklichkeit: Zur Komplexität sozialen Lernens (Manuskript). Hannover

Bedini, S. A. (1980): Die mechanische Uhr und die wissenschaftliche Revolution. In: Maurice, K./Mayr, O. (Hrsg.): Die Welt als Uhr (Ausstellungskatalog). München

Beltz, M. (1984): Der arbeitende Mensch. Rüsselsheimische Dramaturgie. In: Freibeuter 19. Berlin

Benjamin, W. (1982): Gesammelte Schriften (hier: Bd. V, 1: Das Passagen-Werk). Frankfurt

Bergmann, W. (1981): Die Zeitstrukturen sozialer Systeme. Berlin/München

Bichsel, P. (1980): Arbeitserziehung. Die heutige Schule als Ersatz für die Kinderarbeit. In: Freibeuter 5; Berlin

Bilfinger, G. (1892): Die mittelalterlichen Horen und die modernen Stunden. Stuttgart

Blaser, J.-P. (1983): Die Zeit in der Physik. In: Die Zeit (Schriften der Carl-Friedrich-von-Siemens-Stiftung, Bd. 6). München

Bley, T./Fleischer, G. (1976): Raum- und Zeiterfahrung in der Schule. In: Schule und Hochschule (Hochschuldruck). Oldenburg

Bollnow, O. F. (1955): Neue Geborgenheit. 2. Aufl., Stuttgart

Bollnow, O. W. (1969): Das richtige Verhältnis zur Zeit. In: Die Schulwarte, 22. Jg.

Bourdieu, P./Passeron, J.-C. (1971): Die Illusion der Chancengleichheit. Stuttgart

Bourdieu, P. (1974): Zur Soziologie der symbolischen Formen. Frankfurt

Brandt, A. v. (1966): Historische Grundlagen und Formen der Zeitrechnung. In: Studium Generale, 19. Jg.

Braun, R. (1976): Industrialisierung und Volksleben. Göttingen

Briod, M. (1978): Education in the Clockwork, Social Order. In: Educational Theory, 28. Jg., Heft 4

Clauser, G. (1954): Die Kopfuhr: Das automatische Erwachen. Stuttgart
Comenius, J. A.: (1957): Große Didaktik. Berlin/Ost

Dahme, H. J./Rammstedt, O. (1983): Einleitung. In: Simmel, G.: Schriften zur Soziologie. Frankfurt
Dahms, E. M. (1976) Zeit und Zeiterlebnis in den Werken Max Frischs. Berlin/New York
Drechsel, W. U. (1977): Aus der Geschichte der Schuldisziplin. In: Beck, J./Boehncke, H. (Hrsg.): Jahrbuch für Lehrer 1977. Reinbek
Dreßen, W. (1982): Die pädagogische Maschine. Berlin

Eco, U. (1982): Der Name der Rose. München
Eigen, M. (1983): Evolution und Zeitlichkeit. In: Die Zeit (Schriften der Carl-Friedrich-von-Siemens-Stiftung, Bd. 6); München
Elias, N. (1982): Über die Zeit. In: Merkur, 36. Jg., S. 841–856 und S. 998–1016

Fetscher, J. (1983): Arbeit und Spiel. Stuttgart
Friedman, M./Rosenman, R. R. (1975): Der A-Typ und der B-Typ. Reinbek
Frisch, M. (1976): Homo Faber. Frankfurt
Foucault, M. (1977): Überwachen und Strafen. Frankfurt

Gaitzsch, R. u. a. (1982): Zeit und Zeitmessung. Stuttgart
Geißler, Kh. A./Kade, J. (1982): Die Bildung Erwachsener. München
Geißler, Kh. A. (1997): Anfangssituationen. Was man tun und besser lassen sollte. 7. Aufl. Weinheim
Geißler, Kh. A. (1996): Zeit „Verweile doch, du bist so schön!" 2. Auflage Weinheim
Gent, W. (1965): Das Problem der Zeit. (Nachdruck der Erstausgabe von 1934) Hildesheim
Giesecke, H. (1977): Aufklärung und Subjektivität. In: Giesecke, H. (Hrsg.): Ist die bürgerliche Erziehung am Ende? München
Gockerell, N. (1980): Zeitmessung ohne Uhr. In: Maurice, K./Mayr, O.: Die Welt als Uhr (Ausstellungskatalog). München
Grazia, S. de (1962): Of Time, Work and Leisure. New York
Greffrath, M. (1984): Vom Schaukeln der Dinge: Montaignes Versuche. Ein Lesebuch. Berlin
Greverus, J.-M. (1977): Brauchen wir Feste? In: Hessische Blätter für Volks- und Kulturforschung, N. F. 4
Gurjewitsch, A. J. (1982): Das Weltbild des mittelalterlichen Menschen. München

Habermas, J. (1956): Notizen zum Mißverhältnis von Kultur und Konsum. In: Merkur, 10. Jg., Heft 3

Habermas, J. (1981): Theorie des kommunikativen Handelns. 2 Bd. Frankfurt
Handke, P. (1979): Langsame Heimkehr. Frankfurt
Hengst, H. (1981): Tendenzen der Liquidierung von Kindheit. In: Hengst, H. u. a. (Hrsg.): Kindheit als Fiktion. Frankfurt
Herbart, J. F. (1902): Allgemeine Pädagogik – aus dem Zweck der Erziehung abgeleitet. Hrsg. von T. Fritsch. Leipzig
Hindrichs, K./Wiesenthal, H. (1982): Arbeitswerte und Arbeitszeit. Zur Pluralisierung von Wertmustern und Zeitverwendungswünschen in der modernen Industriegesellschaft. In: Offe, C. u. a. (Hrsg.) Arbeitszeitpolitik. Frankfurt/New York
Hoffmann, M./Rülcker, T. (1977): Lehren und Lernen an Gesamtschulen. In: Zeitschrift für Pädagogik, 23. Jg., Heft 4
Hollander, H. (1984): Augenblick und Zeitpunkt. In: Thomsen, C./Hollander, H.: Augenblick und Zeitpunkt. Studien zur Zeitstruktur und Zeitmetaphorik in Kunst und Wissenschaften. Darmstadt
Horkheimer, M./Adorno, T. W. (1969): Dialektik der Aufklärung. Frankfurt
Horváth, Ö. v. (1972): Gesammelte Werke (hier: Bd. 8). Frankfurt

Jahoda, M./Lazarsfeld, P. F./Zeisel, H. (1960, zuerst 1933): Die Arbeitslosen von Marienthal. Bonn
Janich, P. (1980): Die Protophysik der Zeit. Frankfurt
Jeggle, U. (1978): Alltag. In: Bausinger, H. u. a. (Hrsg.): Grundzüge der Volkskunde. Darmstadt

Kade, J. (1983): »Manche Teilnehmer können mich an den Rand der Verzweiflung bringen« – Über den Umgang mit schwierigen Teilnehmern und Störungen. In: Müller, K. R. (Hrsg.): Kurs- und Seminargestaltung. München
Kafka, F. (1973): Tagebücher 1910–1923. Frankfurt
Kasakos, G. (1971): Zeitperspektive, Planungsverhalten und Sozialisation. München
Kern, S. (1983): The Culture of Time and Space 1880–1918. Cambridge Mass.
Kevenhörster, P./Schönbohm, W. (1974): Zeitökonomie im Management. Forschungsbericht 2443 des Landes Nordrhein-Westfalen. Opladen
Kierkegaard, S. (1960): Der Begriff der Angst. Hamburg
Kiltz, H. (1983): Das erotische Mahl. Frankfurt
Klatt, F. (1923): Die schöpferische Pause. Jena
Klatt, F. (1929): Beruf und Bildung. Potsdam
Kleist, H. v. (1977): Geschichte meiner Seele. Das Lebenszeugnis der Briefe. Frankfurt
Klingender, F. (1970): Kunst und industrielle Revolution. Frankfurt
Kluge, A. (1977): Neue Geschichten, Heft 1–18: »Unheimlichkeit der Zeit«. Frankfurt
Kluge, A. (1984): Utopie Film. Frankfurt
Kluge, A. (1984): Die Macht der Gefühle. Frankfurt
Koselleck, R. (1979): Vergangene Zukunft – Zur Semantik geschichtlicher Zeiten. Frankfurt

Koselleck, R. (1977): »Neuzeit«: Zur Semantik moderner Bewegungsbegriffe. In: Koselleck R. (Hrsg.): Studien zum Beginn der modernen Welt. Stuttgart

Kracauer, S. (1971): Gesammelte Schriften (hier: Bd. 4). Frankfurt

Kraepelin, E. (1894): Über geistige Arbeit. In: Neue Heidelberger Jahrbücher, Bd. IV, Heft 1. Heidelberg

Laermann, K (1975): Alltags-Zeit. Bemerkungen über die unauffälligste Form sozialen Zwangs. In: Kursbuch 41, S. 87–105

Le Goff, J. (1984): Für ein anderes Mittelalter. Berlin

Lefebvre, H. (1977): Kritik des Alltagslebens. Kronberg

Leibniz, G. W. (1923): Allgemeiner politischer und historischer Briefwechsel. Bd. 1. Darmstadt

Linder, S. B. (1970): Das Linder-Axiom oder Warum wir keine Zeit mehr haben. Gütersloh/Wien

Lissa, Z. (1962): Die ästhetischen Funktionen der Stille und Pausen in der Musik. In: Studien zur Musikwissenschaft, Bd. 25. Festschrift für E. Schenk. Wien

Levi-Strauss, C. (1973): Das wilde Denken. Frankfurt

Ludwigsen, H. (1981): Zur Geschichte des Deutschunterrichts im beruflichen Schulwesen. Königstein

Luhmann, N. (1978): Handlungstheorie und Systemtheorie. In: Kölner Zeitschrift für Soziologie und Sozialpsychologie, 30. Jg. Heft 2, S. 211–227

Lüscher, L. (1974): Time: A Much Neclected Dimension in Social Theory and Research. In: Sociological Analysis and Theory, 4. Jg., S. 101–117

Mackenzie, R. A. (1970): Managing Time at the Top. New York

Mann, Th. (1930): Lebensabriß. In: Die Neue Rundschau 41. Jg.

Marcenaro, P./Foa, V. (1982): Tempo, Tempo. Dialog über die Zukunft der Arbeit. Berlin

Marx, K. (1969): Das Elend der Philosophie (Marx-Engels-Werke, Bd. 4). Berlin-Ost

Maurice, K. (1979): Die Uhr – Idee einer immerwährenden Ordnung. In: DU, Nr. 12, S. 18–19

Maurice, K./Mayr, O. (Hrsg.) (1980): Die Welt als Uhr. Deutsche Uhren und Automaten 1550–1650. Ausstellungskatalog des Bayr. Nationalmuseums. München

Mayr, O. (1980): Die Uhr als Symbol für Ordnung, Autorität und Determinismus. In: Maurice, K./Mayr, O. (Hrsg.): Die Welt als Uhr (Ausstellungskatalog). München

McCay, J. (1971): So gewinnt man Zeit. München

Menzel, W. (1952): Über den heutigen Stand der Rhythmuslehre in bezug auf die Medizin. In: Zeitschrift für Altersforschung, Bd. VI, Heft 1

Mersmann, H. (1926): Angewandte Musikästhetik. Berlin

Mollenhauer, K. (1981): Die Zeit in Erziehungs- und Bildungsprozessen. Annäherung an eine bildungstheoretische Fragestellung. In: Die Deutsche Schule, Heft 2

Müller-Wichmann, Ch. (1984): Zeitnot. Weinheim

Mumford, C. (1934): Technics an Civilisation. New York

Nabokov, V. (1974): Ada. Reinbek
Nabokov, V. (1962): Gelächter im Dunkel. Reinbek
Nadolny, S. (1983): Die Entdeckung der Langsamkeit. München/Zürich
Negt, O./Kluge, A. (1972): Öffentlichkeit und Erfahrung. Frankfurt
Negt, O. (1978): Soziologische Phantasie und exemplarisches Lernen in der Arbeiterbildung. In: Kooperation. Mitteilungen der Kommission für die Durchführung des Kooperationsvertrages mit der Arbeiterkammer Bremen, Nr. 22/23
Negt, O./Kluge, A. (1981): Geschichte und Eigensinn. Frankfurt

Oedingen, K. (1958): Der Ursprung des europäischen Rationalismus. In: Zeitschrift für philosophische Forschung, Bd. XII, S. 218 f.
Ornstein, R. E. (1974): Die Psychologie des Bewußtseins. Köln

Parin, P./Morgenthaler, F./Parin-Matthéy, G. (1978): Fürchte deinen Nächsten wie dich selbst. Psychoanalyse und Gesellschaft am Modell der Agni in Westafrika. Frankfurt
Pavese, C. (1983): Nacktheit. Sämtliche Erzählungen. Düsseldorf
Pelletier, W. (1983): Zeit. In: Konkursbuch 11. Tübingen
Piaget, N. (1974): Die Bildung des Zeitbegriffs beim Kinde. Frankfurt
Postman, N. (1983): Das Verschwinden der Kindheit. Frankfurt

Rabe-Kleberg, K./Zeiher, H. (1984): Kindheit und Zeit. Über das Eindringen moderner Zeitorganisation in die Lebensbedingungen von Kindern. In: Zeitschrift für Sozialisationsforschung und Erziehungssoziologie, Heft 1
Rabelais, F. (1968): Gargantua und Pantagruel. München
Rammert, W. (1982): Technisierung der Arbeit als gesellschaftlich historisches Projekt. In: Littek, W. u.a. (Hrsg.): Einführung in die Arbeits- und Industriesoziologie. Frankfurt/New York
Rammstedt, O. (1975): Alltagsbewußtsein von Zeit. In: Kölner Zeitschrift für Soziologie und Sozialpsychologie, 27. Jg. S. 47–63
Ranft, F. (1983): Zerrbilder vor der Linse. Der Tourismus verstellt den Blick für die Wirklichkeit. In: Süddeutsche Zeitung vom 28/29 Mai, S. 107
Rath, C.-D. (1984): Reste der Tafelrunde. Reinbek
Rexroth, T. (1980): Vorbereitende Reflexionen zu einer Diskussion über die Geschichtsphilosophischen Thesen. In: Ästhetik und Kommunikation, 10. Jg., Heft 39
Roloff, E. M. (1914): Pausen. In: Lexikon der Pädagogik. Bd. 3. Freiburg
Rutschky, K. (1984): Schullästerung. Oder: Wem nützt die Schulpflicht wirklich. In: Freibeuter 19. Berlin

Schiller, F. v. (1959): Über die ästhetische Erziehung des Menschen in einer Reihe von Briefen (1795). In: Schiller, F. v.: Schriften zur Philosophie und Kunst. München
Schivelbusch, W. (1979): Geschichte der Eisenbahnreise. Zur Industrialisierung von Raum und Zeit im 19. Jahrhundert. Frankfurt/Berlin/Wien

Schivelbusch, W. (1980): Das Paradies, der Geschmack und die Vernunft. Eine Geschichte der Genußmittel. München, Wien

Schmiede, R./Schudlich, E. (1981): Die Entwicklung von Zeitökonomie und Lohnsystem im deutschen Kapitalismus. In: Institut für Sozialforschung (Hrsg.): Gesellschaftliche Arbeit und Rationalisierung. Leviathan-Sonderheft. Opladen

Serres, M. (1981): Der Parasit. Frankfurt

Sichtermann, B. (1982): Vorsicht, Kind – Eine Arbeitsplatzbeschreibung für Mütter, Väter und andere. Berlin

Simmel, G. (1922): Schulpädagogik. Vorlesungen, gehalten an der Universität Straßburg. Osterwieck/Harz

Simmel, G. (1957): Zur Metaphysik des Todes. In: Ders.: Brücke und Tür. Stuttgart

Sombart, W. (1953): Capitalism. In: Enzyclopaedia of the Social Sciences, 3. New York

Sperling, H.-J. (1983): Pause als soziale Arbeitszeit. Berlin

Spitzley, H. (1980): Wissenschaftliche Betriebsführung. REFA-Methodenlehre und Neuorientierung der Arbeitswissenschaft. Köln

Sticker, B. (1958): Zeitmaß und Zeitmessung. In: Studium Generale, 11. Jg., Heft 1

Taylor, F. W. (1977): Die Grundsätze wissenschaftlicher Betriebsführung. Weinheim/Basel

Thompson, E. P. (1973): Zeit, Arbeitsdisziplin und Industriekapitalismus. In: Braun, R. u. a. (Hrsg.): Gesellschaft in der industriellen Revolution. Köln

Traub, R. (1976): Lenin und Taylor. Die Schicksale der »wissenschaftlichen Arbeitsorganisation« in der (frühen) Sowjetunion. In: Kursbuch 43, Berlin

Treiber, H./Steinert, H. (1980): Die Fabrikation des zuverlässigen Menschen. München

Virilio, P. (1978): Fahren, fahren, fahren ... Berlin

Virilio, P. (1980): Geschwindigkeit und Politik. Berlin

Wagenführ, H. (1968): Vom Wesen der Zeit. Tübingen

Wagenschein, M. (1972): Ursprüngliches Verstehen und exaktes Denken. Stuttgart

Wagenschein, M. (1973): Über die Aufmerksamkeit. In: Flitner, A./Scheuerl, H. (Hrsg.): Einführung in pädagogisches Sehen und Denken. München

Walser, R. (1978): Gesamtwerk in 12 Bänden (hier: Bd. 10). Frankfurt

Weber, M. (1969): Die protestantische Ethik. Bd. I. Tübingen

Weber, M. (1976): Wirtschaft und Gesellschaft. Tübingen

Weizenbaum, J. (1978): Die Macht der Computer und die Ohnmacht der Vernunft. Frankfurt

Wendorff, R. (1980): Zeit und Kultur: Geschichte des Zeitbewußtseins in Europa. Opladen

Wolff, J. J. (1932): Pause. In: Lexikon der Pädagogik der Gegenwart. Bd. 2. Freiburg

Inhalt

Aus: Charlie Chaplin, My Autobiography, 1964

Leben ist mehr

Karlheinz A. Geißler
Vom Tempo der Welt
Am Ende der Uhrzeit
ISBN 3-451-26977-5
Der Mensch kann und muß seinen biologischen Rhythmus wiederfinden.
Wie wir mit der Zukunft umgehen werden, entscheidet unsere Übung in
der Gegenwart.

Karlheinz A. Geißler
Zeit – verweile doch...
Lebensformen gegen die Hast
Band 4875
Der bedeutende Zeitforscher plädiert für Lebensformen, die der Alltagshast
entgegengesetzt sind. „Das Buch für ein menschlicheres Zeitverständnis"

Jürgen Zulley/Barbara Knab
Unsere Innere Uhr
ISBN 3-451-26762-4
Wer die natürlichen Rhythmen nutzt, lebt gesünder, ist leistungsfähiger
und erfolgreicher, ausgeglichener und zufriedener.
Eine spannende und praktische Gebrauchsanweisung.

Ulrich Schaffer
Wenn die Stille spricht
Im Tagebuch sich selbst begegnen
Band 5038
Im Innehalten und Nachdenken wird das Leben voller, reicher, intensiver.
Inspirierende Anregungen zum Tagebuchschreiben.

Ulrich Schaffer
Die innere Stimme
Ein Weg zu sich selbst
Band 5032
Die Welt in uns will gehört und gesehen werden. Zu sich selber finden
heißt: auf diese Stimmen achten und sie besser verstehen.

HERDER spektrum

Pierre Stutz
Ein Stück Himmel im Alltag
Sieben Schritte zu mehr Lebendigkeit
Band 5036

Mit konkreten spirituellen Übungen zeigt der bekannte Autor, wie wir die Quellen der eigenen Lebendigkeit wieder entdecken können.

Niklaus Brantschen
Erfüllter Augenblick
Wege zur Mitte des Herzens
Band 5030

Lärm, Unruhe, Hektik, Stress, Zerstreutheit – damit unser Leben nicht davon überwältigt wird, können wir Oasen der Stille suchen und ein neues Gefühl für das Leben finden.

Mahatma Gandhi
Quellen des inneren Friedens
Worte für einen Freund
Band 5029

Menschlich warme und tiefe Gedanken zu den großen Themen des Lebens, die am Anfang dieses Jahrhunderts neue Bedeutung gewinnen.

David Steindl-Rast
Fülle und Nichts
Von innen her zum Leben erwachen
Band 5026

Der inspirierende und tief berührende Klassiker unter den modernen Meditationsbüchern. Eine Einladung zum Leben in diesem Augenblick.

Peter Baumann
Der Wind ist unser Atem
Harmonie mit der Erde
Indianische Weisheitstexte
Band 5018

Alles ist eingebunden in eine kosmische Harmonie – das ist die Grunderfahrung der indianischen Kultur. Texte, die unmittelbar anrühren.

HERDER spektrum

Gelassenwerden
Herausgegeben von Rudolf Walter
Band 5016
Die innere Gelassenheit wächst, wenn man ihr Raum gibt, wenn es
gelingt, loszulassen, Vertrauen zu gewinnen, das Ganze zu sehen.

Laß dir Zeit
Entdeckungen durch Langsamkeit und Ruhe
Hrsg. von Rudolf Walter
Band 5006
Die Autoren inspirieren dazu, sich wieder Zeit zu nehmen für das Leben:
für Liebe und Zärtlichkeit, für Trauer ebenso wie für Freude und Genuss.

Thomas Merton
Ein Tor zum Himmel ist überall
Zeiten der Stille
Mit einem Vorwort des Dalai Lama
Band 5007
Thomas Merton, Denker, Mystiker und Poet, lädt ein, die eigene innere
Einheit zu finden. „Merton ist wirklich jemand, zu dem wir aufblicken
können" (Dalai Lama).

Kakuzo Okakura/Soshitsu Sen
Ritual der Stille
Die Tee-Zeremonie
Band 5000
Das Buch vermittelt inspirierende östliche Weisheit, Stille und Klarheit.
Tee-Zeremonie als Lebens-Kunst.

Gerd B. Achenbach
Das kleine Buch der inneren Ruhe
Band 4972
Eine Auswahl inspirierender, tiefgründiger Texte aus der reichen
Tradition philosophischer Lebenspraxis zeigt, dass es möglich ist,
innezuhalten und sein inneres Gleichgewicht zu bewahren.

HERDER spektrum

Anselm Grün
Herzensruhe
Im Einklang mit sich selber sein
Band 4925

Leistung und äußerlicher Wohlstand allein können nicht bringen, wonach sich Menschen wirklich sehnen: innere Ruhe und Seelenfrieden. Der moderne Seelenführer zu einem tieferen Leben.

Anselm Grün
Jeder Mensch hat einen Engel
Band 4885

Engel: Jeder Mensch braucht im Haus seiner Seele besondere Räume des Schutzes, des schöpferischen Versunkenseins. Ein spirituelles und inspirierendes Buch.

Daniela Tausch-Flammer/Lis Bickel
Jeder Tag ist kostbar
Endlichkeit erfahren – intensiver leben
Band 5522

Die Autorinnen laden ein, auch im Alltag die Tiefe, Fülle und Schönheit des Lebens zu spüren. Übungen für eine neue Lebensperspektive.

Angelika Faas
Intuition – Zum rechten Zeitpunkt das Richtige tun
Band 5521

Die Grundlage jeden Erfolgs: Eine Entscheidung instinktiv und sicher treffen; ein Gespür dafür haben, eingreifen zu müssen: das ist Intuition.

Attila Bencsik
Zu den inneren Orten der Kraft
Energiequellen erschließen
Band 5505

Attila Bencsik führt zu Fantasiereisen durch die eigene Seelenlandschaft, auf denen wir Kraft mobilisieren und Energiequellen erschließen können.

HERDER spektrum

Anthony de Mello
Zeiten des Glücks
Band 5052
Die schönsten Texte de Mellos, die aufmerksam machen auf die tieferen
Möglichkeiten des Alltags. Geschichten, die Herzen verwandeln.

Jack Kornfield/Christina Feldman
Geschichten, die der Seele gut tun
Band 4987
Inspirierende Weisheitsgeschichten aus aller Welt, voll innerer Heiterkeit.
Von zwei bekannten Meditationsmeistern im Blick auf heutige Fragen
zusammengestellt.

Anthony de Mello
Gib deiner Seele Zeit
Inspirationen für jeden Tag
Band 4984
Inspirationen, die nach innen führen und jedem Tag mehr Tiefe und mehr
Leben geben. Mit ausgesuchten Schmuckvignetten.

Thich Nhat Hanh
Lächle deinem eigenen Herzen zu
Wege zu einem achtsamen Leben
Hrsg. von J. Bossert/A. Meutes-Wilsing
Band 4883
Die einfache, tiefe Botschaft an Menschen, die in der Hektik des Alltags
beim Gehen schon ans Rennen denken.

Thich Nhat Hanh
Schritte der Achtsamkeit
Eine Reise an den Ursprung des Buddhismus
Hrsg. v. Thomas Lüchinger
Band 4890
Das Ziel der eigenen Lebensreise: Schritt für Schritt, Atemzug für
Atemzug die Kunst des Bei-sich-selber-Ankommens. Das Buch zum
Film. Mit eindrucksvollen s/w-Fotos.

HERDER spektrum

Friedrich Nietzsche
Langsame Curen
Ansichten zur Kunst der Gesundheit
Band 4849
Gesünder leben heißt Verantwortung für sich übernehmen, seinen
eigenen Rhythmus finden, die Chancen der Langsamkeit nutzen.

Erich Fromm
Authentisch leben
Herausgegeben von Rainer Funk
Band 4839
Wissen, was die eigene Person ausmacht, sich nicht von außen leiten
lassen, sondern das Leben bewusst aus eigenen Quellen gestalten.

Hanspeter Oschwald
Der Klosterurlaubsführer
Band 4838
Klosterurlaub – die Alternative zu reinem Fun und Fitness in der freien
Zeit. Abstand zum Alltag, Stille, Zeit in den spirituellen Zentren Europas.

Sylvia Boorstein
Retreat – Zeit für mich
Das Dreitageprogramm
Band 4820
Der Vorschlag für ein Retreat – mit Tagesplan und elementaren Übungen
– um neue Kraft zu schöpfen und den Alltag intensiver zu leben.

Peter Wild
Finde die Stille
Spiritualität im Alltag – Ein Übungsbuch
Band 4818
Dieses Übungsbuch zeigt, welche Schritte zu tun sind, um die innere
Stille täglich zu erleben. Für Anfänger und Fortgeschrittene.

HERDER spektrum